本书获教育部人文社会科学青年基金项目（编号：14YJC710048）、湖北省社会科学基金一般项目（编号：2014126）和中国博士后科学基金（编号：2015M572180）的资助

服刑人员思想矫正论

薛惠 著

中国社会科学出版社

图书在版编目(CIP)数据

服刑人员思想矫正论 / 薛惠著 . —北京：中国社会科学出版社，2015.5
ISBN 978 - 7 -5161 - 6241 - 5

Ⅰ.①服… Ⅱ.①薛… Ⅲ.①犯罪分子—思想政治教育—中国—研究
Ⅳ.①D926.7

中国版本图书馆 CIP 数据核字(2015)第 125739 号

出 版 人　赵剑英
责任编辑　梁剑琴
责任校对　王　影
责任印制　何　艳

出　　　版　中国社会科学出版社
社　　　址　北京鼓楼西大街甲 158 号
邮　　　编　100720
网　　　址　http：//www. csspw. cn
发 行 部　010 - 84083685
门 市 部　010 - 84029450
经　　　销　新华书店及其他书店

印刷装订　北京市兴怀印刷厂
版　　　次　2015 年 5 月第 1 版
印　　　次　2015 年 5 月第 1 次印刷

开　　　本　710×1000　1/16
印　　　张　12
插　　　页　2
字　　　数　201 千字
定　　　价　46.00 元

目　　录

第一章 服刑人员思想矫正之学理基础

服刑人员作为人类社会的一类特殊群体，对其刑罚指导思想的发展变化体现着国家对服刑人员矫正工作的关心和重视，在一定程度上也是人权保障程度的体现。思想观念是服刑人员行为改造的关键因素，如何进行思想矫正影响着矫正工作的效果。因此，对服刑人员思想矫正进行研究的前提是分析与界定相关概念，并对服刑人员思想矫正的历史沿革、性质、特点及意义进行初步探讨。

第一节 服刑人员思想矫正相关概念界说

对犯罪的社会成员进行思想教育是国家产生以来与监狱出现相伴相生的产物。人类社会是建立在一定的经济关系基础之上的社会，任何社会不能脱离经济关系而存在。马克思根据人类社会经济关系的不同，将人类社会形态分为原始社会、奴隶社会、封建社会、资本主义社会和共产主义社会。国家为了保障社会生活稳定有序地进行，制定相应的法律以维护社会秩序，维护统治阶级的统治。在阶级社会中，违法犯罪的现象不可避免地会发生，对违法犯罪人员的称谓会打上时代的烙印。人类社会具有历史性，不同历史阶段对犯罪人员的称谓随着时代的变换而变化，犯罪人员称谓的变化体现出了人类文明不断前进的历史特点。

一 "犯人""罪犯"与"服刑人员"*

自从人类社会产生以来，作为社会主体的人类为了使社会生活正常

---

* 对相关概念进行界定和辨析时，加上引号；在一般叙述时，为简洁计，不加引号。

运行，开始用社会习俗和道德约束人们的行为。随着文明的不断发展和进步，人类社会进入了阶级社会，用宗教和法律维护统治阶级的统治成为首要的选择。对于违反法律的社会成员进行囚禁，一方面体现了对违法社会成员的惩罚，另一方面也起到警示其他社会民众的目的。但因违法被关押的囚犯如何称谓，不同时代有不同的称呼。称谓的变化不仅反映了语言文化的变迁，也反映了人们对待违法犯罪人员观念的变化。

（一）犯人

将监狱在押人员称为"犯人"是我国封建社会几千年来的称呼，也是我们对监狱服刑人员最长期和最普遍的称谓。1949年以来，我国社会各个阶层和广大人民群众基本上把监狱押犯统一称为"犯人"。这种称谓在当时的一些法律文件中也有所体现，如我国第一部监狱法律《中华人民共和国劳动改造条例》（以下简称为《劳动改造条例》）中规定：劳动改造的对象是犯人。在当时党和国家的文件中也将在押犯称为"犯人"。

用"犯人"称呼在押人员，语境上具有大众化、口语化的特点。从一般汉语字面意义上理解，可以理解为犯罪的人，也可以理解为有犯罪行为的人。中国社会科学院语言研究所词典编辑室编的《现代汉语词典》对"犯人"的解释为"犯罪的人"，并用定语强调"特指在押的"。根据《现代汉语词典》的解释，从某种意义上说，"犯人"这个概念本身注重的是实质意义的犯罪，强调的是法律的最终评价。从这个角度来看，"犯人""人犯"的内涵和外延比较难以区分，这里既包括经过法院宣判为有罪的人，又包括没有经过法院审理的、羁押在看守所的未决犯。这也呼应了我国第一部监狱法《劳动改造条例》中对"犯人"的界定，既包括经过法院判决的关押在监狱等场所的已决犯，也包括没有经过法院审判程序而羁押在看守所的未决犯。显然，"犯人"称谓难以概括我国监狱在押人员的一般共性，另外，口语化的概念描述形式，难以体现立法上的严谨和规范。

（二）罪犯

将监狱在押人员称为"罪犯"，长期以来也得到了人们广泛认可。特别是1994年12月29日，第八届全国人民代表大会常务委员会第十一次会议通过的《中华人民共和国监狱法》（以下简称为《监狱法》），进一步将监狱在押人员明确界定为"罪犯"。该法在立法指导思想中明确提出："根据宪法的基本原则，从惩罚犯罪，改造罪犯和国家长治久安的全局出发，总结经验，借鉴国外有益做法，使监狱工作进一步纳入规范化、法制化的轨道，更好地发挥监狱的职能，预防和减少犯罪，把罪犯改造成为遵守法律、自食其力的公民。"我国权力机关全国人大及其常委会，也即立法机关将监狱在押人员称为"罪犯"，这使得在一段时间内的法律研究中和我国司法部门出台的有关法律、司法解释和政策中均将"罪犯"作为监狱押犯的称谓。监狱在押人员称谓的变化，即将《劳动改造条例》中称呼的"犯人"变为《监狱法》中的"罪犯"，表明了我国司法实务界对监狱在押犯称谓的进一步规范化和统一化。

（三）服刑人员

"服刑人员"概念是伴随着我国监狱法学研究新成果的出现而出现的。改革开放后，在我国监狱法学研究领域，不断有学者在课题和有关著作中使用这一概念。2004年司法部颁布了《监狱服刑人员行为规范》，正式将监狱在押人员称为"服刑人员"。行政机关使用"服刑人员"名称对外发布行政规章，标志着对监狱在押犯的称谓由传统的"罪犯"正式改称为监狱"服刑人员"。司法部以规范性文件的方式确立了"服刑人员"这一称谓，避免了对看守所在押人员和监狱在押人员二者的混淆和可能带来的歧义，从规范的角度明确了违反刑法并被人民法院判决在监狱服刑者的法律身份，真正体现了服刑者的法律属性。

如何界定"服刑人员"的内涵和外延，不同的学者有不同的见解，目前没有统一的定义。从狭义的角度看，仅指因触犯刑法被人民法院依法判处刑罚而在监狱服刑的人员，这些人员的人身自由被依法剥夺。从广义的角度看，"服刑人员"是指触犯刑法的人员，经法院实际审判后，在监狱或者其他场所服刑，在监狱管理人员或其他社会机构相关工作人员的改造和矫正下，完成刑罚执行的过程的人员，并根据犯罪情节和社会危害性程度的不同而确定不同的服刑场所。对于犯罪情节严重、对社会危害性较大的服刑人员（如被判处有期徒刑以上），其服刑的场所应为监狱；而对于犯罪情节轻微、对社会危害性小的服刑人员（主要适用于非监禁刑，如管制、假释、暂予监外执行、剥夺政治权利、缓刑五类服刑人员），刑罚的执行应置于社会中进行。这一措施除了为了解决监狱服刑人员拥挤这一问题外，更是借助社会广博的空间和大众的力量，使服刑人员在服刑的同时，促进服刑人员思想和心智的健康发展，从内心深处进行思想转变，避免服刑人员重新走上违法犯罪的道路。

从犯人、罪犯到服刑人员，称谓的转变，体现了服刑人员法律地位的回归。这种转变和回归，不仅仅体现在称谓这一形式的变化上，更重要的是在实质上，体现了社会人群对在押犯的基本态度、看法和理念的转变，更体现了对服刑人员人权的尊重。

二 "服刑人员"之概念的学理及现实意义

（一）服刑人员的名称与国际社会接轨

当今世界许多国家，把经过法院判决执行刑罚的押犯称为服刑人。在日本刑法和监狱法中，将法院判决服刑的人称为服刑人；美国也把监狱在押人员称为服刑者；作为社会主义国家的苏联及其加盟共和国的劳动改造立法和实施细则，则规定把监狱在押人员统称为被判刑人。尽管各个国家对法院判决并予以执行刑罚的人员的具体称谓不尽相同，但基本上倾向于以监狱服刑者的法定身份来界定其称谓。在我国立法和理论研究中，将在监狱服刑的人员称为服刑人员，这一称谓与国际社会比较接近。这一和国际社会接轨的称谓的提出，使得我国学者在出席国际学术会议以及在对外交往中，更容易被国际社会和同人接受，也有利于我国学界走出国门，增强与其他国家学术界的广泛交流与合作。

（二）服刑人员的称谓更具有科学性和规范性

将被执行刑罚的人称为服刑人员，明确了监狱押犯的特征，也强调了刑罚的法律特征，较以前更加科学规范。以前的"犯人""罪犯"从语义上看主要强调的是罪。如果以"罪"作为监狱押犯的特征，并不能真实反映监狱在押人员的身份属性。从刑法立法的角度来看，罪作为犯罪行为的总称，如果作为监狱押犯称谓的定语，似乎体现了一朝有罪，朝朝有罪，并不能体现服刑押犯的现时性。从程序上看，刑事案件的被告人在人民法院的刑事判决生效后，确认为有罪并被投入监狱服刑，是对被告人执行刑罚的主要方式。为了准确反映监狱押犯的共性特征，体现监狱押犯的实际情况和身份属性，准确说明监狱在押人员事实和法律上的客观状态，称其为服刑人员，显得更加规范和科学，也更符合监狱押犯的真实法律身份。

（三）服刑人员的称谓体现了人权保障的要求

尊重和保障人权是现代文明社会的基本要求。人权是指作为人应当享有的权利，人权的基础是尊重人的一切特别是尊重人的人格，尤其是弱势群体的人格尊严。《世界人权宣言》在序言中明确提出，加入人权公约的国家，要尊重基本人权、尊重人的人格尊严。为了加大我国人权保障力度，2004年通过的《中华人民共和国宪法修正案》（四），明确把"国家尊重和保障人权"写入《宪法》中。其实，对服刑人员人权的尊重和保障，既反映了我国人权保障的水平，也反映了我国在人权保障方面的文明程度。对服刑人员的人权保障，首先要从思想观念上把服刑人员放在主体性的地位上。"犯人""罪犯"是带有较强感情色彩的词汇，明显带有歧视服刑人员的特点，将监狱押犯称为"服刑人员"，比较客观和中立，词语的感情色彩较中性，突出了服刑的状态。2004年《监狱服刑人员行为规范》将"罪犯"改为"服刑人员"的称谓，体现了尊重人权、保障人权的理念。

从犯人到罪犯，再到服刑人员，称谓的变化，内在地体现着人们观念的变化，蕴含着社会发展的文明与进步，也凸显了人们对监狱押犯特定属性认识的深化，也是我国依法治国发展进程中的一个重要的进步，体现了我国监狱以及监狱管理由传统走向现代的必然趋势。

三　"思想矫正"概念之萌生

思想是思维的表现形式，是客观世界的主观印象。作为主体的人通过对客观世界进行感性认识和理性认识，客观存在就会在人的意识中产生感觉、知觉、表象、概念、判断、推理等变化过程，这也是思维的形成过程。思想可以从以下几个方面理解：第一，从辩证唯物主义哲学的角度来看，思想是一种意识现象，是受客观物质世界决定的意识现象，这种意识现象反映了客观物质世界，总是反映思想主体所处的时代特点或社会现状。它并不一定具有中立性，往往带有较强的主观倾向。第二，相对于人类改造社会的实践活动而言，思想是一种精神性的活动。人类社会要存在，必然要进行社会生产劳动、处理社会关系等社会实践活动。除了社会生产劳动等实践活动以外，人类还要探究一些未知的世界，需要进行复杂的思维活动。这种思维活动是通过人脑进行的一种精神现象和精神活动，它是将人和其他动物区别开来的重要标志。第三，思想是一种心理活动。从心理学的角度来看，人类的心理活动可以分为感性认识和理性认识。感性认识是理性认识的基础，感性认识需要上升到理性认识，感性认识和理性认识相互渗透，感性认识可以促进理性认识。因此，针对服刑人员进行的心理分析、心理诱导、心理治疗等，是进行心理矫正的良好途径。第四，思想是人的一种心态的状态。这种心态的状态常常表现为良好心态、不良的心态、健康的心态、不健康的心态、思想僵化、心态不正常等。

通过对思想进行分析，我们可以看出，作为主体的人的思想，受到多种因素的影响，人们也可以通过创设、改变、增减一些影响因素或物质要素，进而影响人的思想，改变人的思想，达到教育人的目的。思想教育要遵循思想形成或变化的客观规律，是通过多种手段和途径进行的社会实践活动。就服刑人员而言，要根据服刑人员的性格特点、思想变化规律、社会生活环境等因素，采取合适的方法，通过内化和外化的手段，改造和矫正服刑人员的思想，进而让服刑人员顺利地回归社会。

服刑人员思想矫正的提法早已有之，但较为系统的提出则是在新中国成立后。中国共产党和中央人民政府从改造一切反革命犯和其他刑事犯的角度出发，根据以往的实践经验和新的形势，明确提出了劳动改造的方针，是惩罚罪犯与思想改造相结合、生产劳动与政治教育相结合。对罪犯进行教育改造和劳动改造，是改造罪犯的主要手段。1954 年颁行的《劳动改造条例》第三章第二十五条规定："劳动改造必须同政治思想教育相结合，使强迫劳动逐渐接近于自愿劳动，从而达到改造犯人成为新人的目的。"根据我国监狱罪犯受教育水平情况和思想状况，《劳动改造条例》第二十六条规定了详细的教育内容："对犯人应当经常地有计划地采用集体上课、个别谈话、指定学习文件、组织讨论等方式，进行认罪守法教育、劳动生产教育和文化教育，以揭发犯罪本质，消灭犯罪思想，树立新的道德观念。"我国《劳动改造条例》规定了对服刑人员进行劳动改造和思想教育，对于推动劳动改造工作不断发展，保证劳动改造沿着正确的方向前进，具有重要的作用。

在现实的改造活动过程中，服刑人员的思想教育和思想改造在改造服刑人员、促进其思想转变和回归社会方面，发挥了积极的作用。用思想教育和劳动改造的手段改造服刑人员，是我国监狱管教工作的特色和优势，也是服刑人员转变思想的主要方式。在对服刑人员执行刑罚的过程中，我国劳动改造机关对其进行有效的思想改造和劳动改造，使其充分认识犯罪的危害性，从而把给社会带来危害的服刑人员，矫正成为社会主义社会的守法公民。

新中国成立后，我国服刑人员改造工作取得了举世瞩目的成就。毛泽东曾经指出："人是可以改造的，就是政策和方法正确才行。"在这一思想的指导下，我国服刑人员的劳动改造工作，找到了符合中国国情的改造和教育方法。1960年，随着我国劳动改造工作的不断发展，毛泽东根据我国监狱的改造情况提出了"我们的监狱其实是学校，也是工厂，或者是农场"的论断。针对国民党战犯改造问题，毛泽东阐述了"世界观的转变是一个根本的转变"的著名论断，在这一论断的指引下，新中国确立了罪犯的思想改造为改造的主要内容。毛泽东、周恩来和罗瑞卿等领导人，多次强调政治思想改造是对服刑人员进行教育的主要内容，"劳改农场总的方向是改造他们，思想工作第一"，"劳动改造的目的，是要把犯人改造为新人，政治教育是第一，使他们觉悟"。"要把罪犯改造成为新人，就要一方面在政治上、思想上铲除他们反革命的立场、观点。"① 这些论断凸显了思想改造处于改造工作的第一位的指导思想。通过对服刑人员进行思想教育和思想改造，20世纪60年代我国成功改造了大批战犯、刑事犯罪分子，被国际社会称为人类改造史上的奇迹。

随着人们对犯罪和刑罚研究的深入，刑罚的执行方式也发生了变化。体现为在刑罚的执行过程中，更加尊重服刑人员应有的权利。根据犯罪性质和社会危害程度不同，以及服刑人员服刑场所的不同，可以将服刑人员分为两类：一类是在监狱服刑的人员，主要包括死刑缓期两年执行、无期徒刑、有期徒刑的犯罪分子，这类人群占服刑人员的大多数；另一类是被人民法院判处拘役、管制、有期徒刑缓刑、假释、保外

---

① 吴宗宪：《罪犯改造论——罪犯改造的犯因性差异理论初探》，中国人民公安大学出版社2007年版，第28页。

就医的服刑人员，对这类人员执行刑罚，主要在其居住的社区，将其交由社区进行改造和思想矫正。无论在哪一个场所，转变服刑人员的思想观念，对服刑人员进行思想教育、文化素质教育、职业技能教育等一系列的矫正活动，将服刑人员改造成为守法公民，是服刑人员思想矫正的主要内容。

为了明确服刑人员改造的具体内容，我国《监狱法》第四条规定："监狱对罪犯应当依法监管，根据改造罪犯的需要，组织罪犯从事生产劳动，对罪犯进行思想教育、文化教育、技术教育。"这项法律规定得比较具体全面，包括了对服刑人员进行管理、教育改造、劳动改造，这三项活动构成了服刑人员日常管理的基本内容。在这三项活动中，对服刑人员进行管理，是对其进行改造的前提条件和重要内容，它贯穿服刑人员教育改造、劳动改造、思想矫正的整个过程。劳动改造是对服刑人员进行矫正的重要方式，通过监狱劳动，改掉服刑人员不好的习惯，并形成劳动光荣的观念，最终使其具有社会生活的能力。教育改造是服刑人员改造的核心内容，它起到转变和矫正服刑人员思想的重要作用。

教育改造的主要内容包括：对服刑人员进行道德和纪律教育；对服刑人员进行法律知识和政策教育；对服刑人员进行认罪悔罪教育；对服刑人员进行文化教育和劳动技能教育等。劳动改造是思想教育的载体，思想道德教育、文化素质教育则是关键，也是服刑人员思想矫正的重要内容。进入21世纪，司法部颁布了《监狱教育改造工作规定》，明确规定监狱应当对服刑人员开展心理矫治工作。开展心理矫治已成为我国服刑人员改造工作改革创新的重要举措，也成为改造服刑人员必须具备的内容。

在建设文明与和谐社会的进程中，"矫正"内涵比"改造"内容更丰富。矫正（correction）是英、美等西方国家行刑体系的基本术语，有广义和狭义之分。广义的矫正，是指对服刑人员实施的各种矫正措施，具体内容包括了服刑活动的各个方面；狭义的矫正是指对服刑人员采取道德教育、文化素质教育、职业技能教育、心理矫正等措施，逐步改变其思想观念和行为习惯，使其出狱后成为社会上的守法公民。矫正的含义与改造有所区别，西方国家所说的矫正，强调的是对服刑人员进行心理和行为矫正；我国所说的改造，则侧重强调对服刑人员的思想进行教育，重点改造服刑人员的思想观念、世界观、人生观和价值观。与西方国家的思想矫正相比较而言，思想矫正在我国服刑人员矫正教育体系中，还是新生事物，因此，应借鉴国外监狱服刑人员思想矫正的经验，结合我国的历史文化传统和监狱的现状，努力走出一条具有中国特色的服刑人员思想矫正之路。

我们对服刑人员的矫正采用的是广义说，即法院裁判生效后，服刑人员进入执行刑期阶段，监狱工作人员、社区矫正工作者及志愿者，在监督和教育服刑人员的过程中，综合运用劳动改造、技能培训、心理辅导、思想政治教育、文化教育等方法，通过服刑人员将信息进行接受—认同—内化的过程，从而真正实现服刑人员人生观、价值观等思想层面的转变，从服刑人员个体根源上杜绝再犯罪的可能。

通过对服刑人员思想矫正内涵和外延的分析，可以看出服刑人员思想矫正有以下三个特征。

第一，服刑人员思想矫正目的的特定性。服刑人员思想矫正与刑罚的执行，都是对服刑人员的行为和思想进行教育的方式、方法，但这两种教育方式的目的有所不同。刑罚执行侧重于惩罚，而服刑人员思想矫正的目的，侧重于思想层面的教育，从而使服刑人员改过自新，在不脱离社会大环境的条件下，重新获得再社会化。服刑人员思想矫正目的的特定性，决定了矫正手段有别于刑罚执行。刑罚的执行体现的是国家意志，它主要是通过采用强制手段约束服刑人员的行为，来达到矫正的目的，体现出一定的严肃性和权威性。与刑罚执行不同的是，服刑人员思想矫正具有正面引导性、启发性、教育性、人道性。矫正工作者虽然具有一定的管理权力，但更多的工作是对服刑人员进行教育和帮助。

第二，服刑人员思想矫正主体具有多样化的特点。对教育者而言，服刑人员在狱内接受监管改造和各种教育活动，主要是由狱警及其他司法工作者来进行。随着社区机构的完善和社团组织的健康发展，服刑人员在狱外接受刑罚时，矫正工作者和志愿者也更多地参与到矫正教育活动中来。矫正教育者主体种类的增多，体现出了社会文明的进步，也突出了社会群体对服刑人员的关注。这不仅可以提高广大人民群众对这类特殊群体的接纳程度，而且可以避免服刑人员完全与社会相隔离，为其刑满释放后尽快融入社会奠定了基础。服刑人员思想矫正的对象，是判决生效后接受刑罚的群体，既包括犯罪情节严重、对社会危害性大的重刑犯，也包括犯罪情节轻微、对社会危害性较小的轻刑犯。这类特殊人群通过各类矫正主体的思想矫正，使他们充分认识到犯罪对个人及社会的危害性，进而能够悔过自新，不再危害社会，不再犯罪。

第三，服刑人员思想矫正具有人道性。善良和人道是人与人之间应有的道德情操，也是人类社会不断向前发展的道德要求。对服刑人员采取人道性的思想矫正，体现了现代文明的要求，也体现了人类应有的本性。对服刑人员执行刑罚是惩罚犯罪的有效方式，但这种惩罚也应符合当代社会人权的基本要求。虽然个别服刑人员具有人身危险性或矫正困难，但在矫正过程中树立人道主义的矫正理念，关心、关爱他们，把他们当作亲密的朋友对待，可以从内心深处感化服刑人员，使他们顺利回归社会。以人为本地进行教育和人文关怀，是服刑人员思想矫正人道主义的要求，也是将服刑人员转变成为守法公民的重要途径。

第二节　服刑人员思想矫正之历史沿革

如果把监狱作为社会文明进步的标尺，如何对待服刑人员就是衡量这一文明标尺的刻度。人类社会形成的第一个国家类型是奴隶制国家，奴隶制国家普遍奉行报复刑主义。在报复刑主义的指导下，对囚犯采取的是报复、惩罚等刑罚。刑罚体系中占主导地位的是生命刑和肉体刑，这种报复刑极其野蛮、残酷。在奴隶社会，除了对囚犯实施生命刑、肉体刑外，还采取耻辱刑，比如割掉胡须、剪掉辫子等。在奴隶社会，平民、奴隶没有自由，不把他们当人看，更不用说进行思想矫正活动了。进入封建社会后，人类文明向前发展，对待囚犯的观念也在改变，人们逐渐改变了报复刑的观念，在惩罚囚犯的同时，开始强调思想矫正的作用。资本主义文艺复兴带来人们观念的深刻变化，特别是平等、自由、人权观念深入人心。受到文艺复兴思潮的影响，监狱在惩罚服刑人员的同时，加大了思想矫正的力度。在社会主义国家，服刑人员也是社会的群体，对他们进行思想矫正当然是改造的重要内容。

一　西方国家服刑人员思想矫正的历史变迁

西方国家服刑人员思想矫正的历史，首先是一部劳动教育的历史，近代以来才逐渐加大了思想矫正的力度。西方国家服刑人员劳动教育和思想教育经历了一个不断发展、缓慢变化的历史过程。在这一过程中，伴随着人们对服刑人员改造理念的变化，也产生了劳动方式、劳动内容的变化。随着人类文明的发展和社会的进步，人们逐渐认识到，仅仅让服刑人员进行劳动，并不能完全达到改造服刑人员的目的，因此，在对服刑人员进行劳动改造的同时，应当对他们进行思想教育，使其转变思想观念，悔过自新，成为守法的公民。对待服刑人员理念的变化，一方面说明了社会的进步与文明，另一方面也说明了人们价值观念的变化。从历史的角度来看，就服刑人员思想矫正来说，西方国家服刑人员思想矫正的历程，大致可以分为以下几个阶段。

（一）以折磨残害为目的的服刑人员劳动，很少注重思想教育

西方国家奴隶社会主要对囚犯采取奴役性的劳动，这种劳动同中国奴隶社会的劳动类似，具有残忍性和强烈的惩罚性，且劳动的过程中很少对囚犯进行思想教育。西方国家进入封建社会后，劳动的形式和目的发生了改变，在劳动过程中，监狱开始注意到对囚犯进行思想教育，主要是进行宗教忏悔教育。相比较而言，封建社会折磨残害囚犯的劳动，比奴隶社会的奴役性劳动具有历史进步性，体现了人们对囚犯劳动的观念变化，也反映了西方监狱开始关注囚犯思想改造。

近代西方监狱管理是建立在报复刑理论基础上的，监狱主要承担惩罚服刑人员的功能，这种惩罚的主要方式是实施苦役性的劳动。如1791年英国的《教养法》规定，服刑人员的劳动是一种惩罚手段，他们必须按照身体条件，从事繁重的、艰苦的、具有奴役性的劳动。这种奴役性的劳动对服刑人员来说，是一种精神和肉体上的折磨，对改造服刑人员所起到的作用甚微。[1] 与此同时，社会上也开始反思，这种奴役性劳动并不能真正起到改造、矫正罪犯的作用，进而开始重视服刑人员的思想教育和道德教育。

---

[1]　潘华仿主编：《外国监狱史》，社会科学文献出版社1994年版，第5页。

近代资产阶级革命的胜利，文艺复兴的兴起，带来了人们的思想观念的深刻变化。随着文艺复兴在西方兴起，天赋人权、人道主义、自然法的理念逐渐成为社会的主流思想。一些社会成员呼吁对囚犯的待遇要体现人道主义思想，这有利于囚犯的改造和回归社会。西方国家最早的自由刑体现，是1595年荷兰在阿姆斯特丹设立的第一个收容男犯的劳役场，紧接着在1596年又设立了女监（织造所）。无论男犯和女犯都自由地在监狱里劳动。荷兰监狱采取劳动改造的方法使犯人能够很好地回归社会，这种新的刑罚执行方式在当时的监狱中被认为是注入了一种清新的风气，是"首先实现现代自由刑思想"的先驱。①

英国资产阶级登上历史的舞台，建立了资本主义制度。监狱在资本主义社会理念的影响下，也开始进行了变革。18世纪下半叶后期，英国的学者认为劳动可以对服刑人员起到矫正的作用，劳动可以改变服刑人员生活方式，并使他们养成劳动习惯，出狱后也有了一定的生存能力。监狱在这种思想的影响下，开始改变服刑人员劳动的方式，但此时服刑人员的劳动仍然极为艰苦。与英国相邻的法国监狱行刑制度也和英国类似，一方面开始注重对服刑人员采取劳动的方式进行教育和矫正，另一方面这种劳动仍然带有苦役的性质。这一时期服刑人员的服刑方式虽然具有历史进步性，但服刑人员的劳动依然很繁重且具有劳役性质，劳动和思想教育没有占据主导地位。

（二）以追求营利为目的的劳动

在资本主义商品经济社会下，追求经济利润是产业资本家、商业资本家等职能资本家的目的，追求经济利益的观念影响到社会其他机构的运行，监狱也受到影响。在自由资本主义和垄断资本主义时期，监狱执行刑罚的目的也发生了变化，监狱对服刑人员的劳动管教以追求营利为目的，这较之以折磨、苦役为倾向的服刑人员劳动具有进步的成分。以追求营利为目的的服刑人员劳动，虽然也有对服刑人员进行改造的思想成分，但监狱的主要价值观念是追求服刑人员劳动创造的利益。在经济利益的驱使下，监狱将服刑人员的劳动放在第一位，思想教育被抛在一边。在西方监狱的历史上，追求营利的服刑人员劳动有广泛的理论基础

① 潘华仿主编：《外国监狱史》，社会科学文献出版社1994年版，第296页。

和实证案例。

在英国近代监狱史上，服刑人员进行苦役劳动的时候，创造了大量的社会财富，这一现象引起了监狱的注意。早在 1868 年，英国贝德福德监狱平均每个犯人创造的社会财富达到 600 英镑，比 1864 年增加 250 英镑。服刑人员的劳动完全是监狱赚钱的一种工具。① 这一时期，生产劳动成为监狱管理的中心工作。美国的法律制度和监狱制度深受英国的影响，美国监狱也将服刑人员的劳动作为收入的主要来源，劳动成为创收的方式。此后出现的奥本制监狱管理模式，监狱管理者所关心的是监狱安全和经济效益，他们将服刑人员集中劳动，创造了大量的社会财富。1828—1833 年，奥本监狱获得收入 25 万美元。20 世纪初，战争把美国监狱推上了为军事部门生产大量军事物品的道路，监狱的囚犯为军队生产了大量军需物质，有力地支援了美国军事需要。此外，一些地方还建立了许多监狱农场，这些"弯腰工作"包括犁地、除草等。各州政府获得了利润，而对服刑人员缺少思想矫正活动。近代的德国监狱也把追求利润摆在重要的位置，监狱与私人厂商签订合同，监狱与厂商高度一致的目标是用监狱里潜藏的巨大而丰富的廉价劳动力以获得高额利润。在近代西方资本主义社会，监狱管理机构心中装着的两个字是"利润"，至于对服刑人员进行思想矫正，则远远地放在一边了。

（三）以改造人为宗旨的服刑人员劳动

把劳动作为改造和矫正服刑人员的手段，这在全部监狱历史中，具有重要的时代意义和价值。在西方国家近代监狱历史中，自由刑中就有将服刑人员的劳动情况，作为评价改造效果的重要内容。如首创于澳大利亚的累进制，就将服刑人员劳动情况作为考量改造表现的内容。19世纪末 20 世纪初，西方资本主义国家发展到垄断阶段，犯罪率急剧上升。为了减少犯罪，避免服刑人员回归社会后再犯罪，监狱更加强调劳动在服刑人员的思想矫正过程中的作用，通过劳动，掌握必要的技术，为重返社会准备条件。劳动与教育成为监狱中普遍采用的矫正服刑人员恶习、使他们重返社会的两项重要措施。

19 世纪，英国将劳动在改造服刑人员中的作用与宗教、监管并列。

---

① 潘华仿主编：《外国监狱史》，社会科学文献出版社 1994 年版，第 156 页。

边沁主张应把服刑人员组织起来劳动，以达到改造服刑人员、预防犯罪的目的；同时也要限制服刑人员劳动，劳动的时间不宜过长，强度不宜过大，以免危害服刑人员的健康和生命。① 英国现代监狱把成年服刑人员必须参加有关劳动作为其重返社会的重要手段。服刑人员的劳动情况采取累进制，并和减刑幅度挂钩。监狱劳动包括了工业性、农业性、手工、杂务、监外劳动及全日制劳动。同时，监狱对服刑人员的劳动有严格的要求，如未经国务大臣的批准，服刑人员不得为其他犯人或监狱官员干活，不得为任何人的私利服务。从总体上看，服刑人员的劳动是有利润的，服刑人员也能获得报酬，但这种劳动要以能够达到对服刑人员进行改造为前提。

美国服刑人员的劳动曾一度繁荣，1935 年达到最高。② 20 世纪初，监狱劳动受到了劳工组织的强烈反对。因此，美国国会通过了控制和限制监狱生产的法律。到 1940 年，美国 33 个州通过法律禁止监狱产品在市场销售，加之矫正领域中"医学模式"的兴起，服刑人员生产出现衰退。③ 20 世纪 60—70 年代，美国开始流行"自由工资雇佣制"，服刑人员白天在外工作，晚上返回监狱。但后来，监狱的服刑人员劳动再次得到恢复。1995 年，根据艾奥瓦华州的法律规定，凡有劳动能力的服刑人员，每周需劳动 40 小时，而在此之前，只有 10%—20% 的服刑人员参加劳动。

第二次世界大战后德国监狱行刑体制缺乏统一的法律制度，管理各自为政，直到 1971 年，联邦德国的 10 个州依照三个不同的行政法规管理监狱。1971 年颁布的《行刑法典》奠定了现行的监狱法律制度基础。该法典规定，服刑人员有劳动的义务，劳动的目的是学得技能，释放后得到就业能力；同时还规定了劳动时间、劳动报酬、劳动保护、职业教育、工作疗法等内容。德国服刑人员劳动以及劳动教育，得到了社会相关部门的有力配合。

在日本，明治五年（1827 年）监狱规则中的"勉励营生之业"对

---

① 潘华仿主编：《外国监狱史》，社会科学文献出版社 1994 年版，第 55 页。

② 潘国和、〔美〕罗伯特·麦尔主编：《美国矫正制度概述》，华东师范大学出版社 1997 年版，第 128 页。

③ 同上书，第 132 页。

监狱服刑人员的劳动做出了规定。该规定强调，让服刑人员掌握"工业技术"。他们认为，职业技能会成为有效的社会复归能力、环境适应能力。当代日本监狱的服刑人员劳动，更明显地是服刑人员重返社会的一种矫正措施，主要有产业劳动、职业培训及个体经营的劳动。1984 年 3 月，自愿劳动的监禁服刑人员为 84.6%。还允许服刑人员在一定条件下，利用业余时间做收入归己的劳动。

苏联监狱的劳动改造对我国监狱服刑人员改造产生过重大影响，因此，研究苏联的服刑人员劳动具有特殊的意义。1917 年，列宁指出，社会主义国家的监禁场所应以改造为目的，制定了"改造可以改造的人"的方针。1918 年司法人民委员部的《关于作为刑罚方法的剥夺自由及涉及执行这种刑罚方法的程序的临时指示》将"有益社会的强制工作"作为改造服刑人员的基本方法加以规定。1919 年 5 月起，在苏俄共和国各州首府开设了强制工作营。1920 年的《苏俄普通监禁场所条例》明确规定："监犯所从事的工作具有教育改造意义。使监犯从事这种工作的目的在于使监犯养成爱好劳动的习惯，以便在出监后有劳动生活的可能。"① 同时对劳动时间、报酬、休息等作了明文规定。不过，在实际工作中，监狱偏离了这一正确方向。1930—1953 年的社会主义政治经济体制形成和发展时期，《苏俄劳动改造法典》（1934 年）将被剥夺自由的人从事有益的社会劳动规定为是对服刑人员改造的基本手段。因此，从 1930 年建立起的劳改营不断得到强化。仅卡拉干达劳动改造营关押的服刑人员，1941 年就达 10 万名。服刑人员劳动条件恶劣、劳动强度大，伤亡事故不断。服刑人员的劳动严重偏离了改造人的方向，把生产劳动当成目的本身，"生产劳动第一"构成"悲剧性的结果"。② 20 世纪五六十年代，苏联的政治体制发生了变化，加之民主法制社会思潮的影响，监管人员也认识到，犯人也是人，不能把他们当成单纯的劳动力。与之相应，劳动改造服刑人员的政策有所调整。服刑人员劳动条件明显变化，劳动时间趋于正常。繁重的体力劳动由机械代替，条件艰苦或边远地区的劳改营被关闭。1987 年修改的《苏俄劳动

---

① 潘华仿主编：《外国监狱史》，社会科学文献出版社 1994 年版，第 517 页。
② 同上。

改造法典》将服刑人员劳动规定为每天 8 小时工作制，每周休息一天。

　　从国际范围内考察，除了上述国家外，各国都把劳动放在矫正服刑的重要位置，但方法措施有很大差别。各国服刑人员劳动改造的程度受国际监狱会议的影响较大，从 1846 年第一次国际监狱会议在法兰克福召开起，就十分关注服刑人员的劳动问题。第一次会议决议包括两项改良监狱的措施。如附条件的独居制中的一项重要内容是：准许犯人从事有用的劳动。① 1870 年美国召集辛辛那提的监狱会议，将劳动作业作为一项重要的议题。1872 年在伦敦召开的国际监狱会议的 29 个议题中，有关服刑人员劳动的有两项：以强制劳动代替自由刑和狱内劳役。1910年中国第一次派员参加的华盛顿会议，通过的第 6 项议案是"监狱作业"。决议认为"越来越多的国家认识到，作业不仅是教育犯人改造自新获得技能以重返社会的手段，而且也是对国家经济的补偿"②，并作出"监狱中的犯人无论刑期长短及监狱的大小，一律应从事劳动"的决议。③ 1930 年的布拉格会议的决议在监狱行政议题上，"准许犯人适当选择劳动，并给予工资"④。1935 年在柏林召开的国际刑法及监狱会议，再次涉及监狱作业问题。决议指出"应当使受刑人从事公共土木工程，尤应就农业上的工作，参酌自由劳动情形，使受刑人从事开垦荒地，或其他类似的工作"⑤。1955 年第一届联合国预防犯罪和服刑人员待遇大会在日内瓦召开，会议讨论并通过了服刑人员劳动等内容，会议制定的《服刑人员待遇最低限度标准规则》中规定了"服刑人员劳动"的条款（第 71—76 条），⑥ 如"凡服刑人员都必须参加劳动"，"对于服刑人员及其在职业培训方面享有益处不得单从通过监狱劳动营利的角度来考虑"等。⑦ 另外，第十一届、十七届亚太矫正管理者会议都把服刑

---

① 潘华仿主编：《外国监狱史》，社会科学文献出版社 1994 年版，第 517 页。

② 同上书，第 616 页。

③ 同上书，第 617 页。

④ 同上书，第 625 页。

⑤ 同上书，第 630 页。

⑥ 张燕玲编：《联合国预防犯罪领域活动概况及有关文件选编》，法律出版社 1985 年版，第 24 页。

⑦ 杨殿升主编：《监狱法学》，北京大学出版社 2005 年版，第 323 页。

人员劳动作为一项重要议题。尤其是 1997 年在马来西亚吉隆坡召开的第十七届会议，还通过了关于组织押犯劳动的决议。亚太地区的矫正官员一致认为，凡有劳动能力的押犯都应当参加劳动，同时监狱当局应当保证他们的安全和健康，并给予适当的报酬。①

二　我国服刑人员思想矫正的渊源和发展概况

我国服刑人员思想矫正历史久远、内容丰富，从西周时的"明德慎罚"到西汉时期的"德主刑辅"，再到清末以思想教育和道德教化为宗旨矫正服刑人员的活动，体现了我国对服刑人员思想矫正的重视。新中国成立之后，党和政府在继承旧民主政权时期对服刑人员实施思想教育的基础上，依据马克思主义关于改造人、改造社会的理论，结合监狱工作实际，系统地提出了在社会主义条件下服刑人员行刑的具体举措，将他们转变成为社会主义的新人。当前，我国服刑人员的矫正具有文明、人道、教化等特点，体现了社会主义的优越性。

（一）我国服刑人员思想矫正的历史沿革

我国监狱历史久远。从总体上看，历代统治阶级无不推行威吓主义、报复主义和惩治主义，对待囚徒野蛮、残酷，任意欺凌甚至杀戮。但同时也要看到，随着统治经验的积累，出于维护统治阶级利益的根本需要，统治阶级对囚徒也采用了一些思想宽宥的方法。

据应劭《风俗通》解释西周"囹圄"的"圄"字："圄，与也。令人幽闭思愆，改恶从善，因原之也。"《周礼·秋官·司圜》有对夏商周三代监狱统称"圜土"的疏注："东方主规，归主仁恩，凡断狱以仁恩求之，故圜也。"说明古代监狱本意有主德主生，施以教育，令人身系圜狱思过从善的宗旨。周朝的嘉石拘役制也寓有坐石反省、见石自悔的目的。所以，近人沈家本在《狱考》中曾概而论之说："三代监狱命名之意，设狱原本不在害人。"指出，"其幽闭思愆改恶从善，以教育为宗旨，尤与近世新学说相合"。②

---

① 张金桑、张苏军主编：《亚太地区当代矫正制度纵览》，南京师范大学出版社 1999 年版，第 1 页。

② （清）沈家本撰，邓经元、骈宇骞点校：《历代刑法考》，中华书局 1985 年版，第 1160 页。

　　史书上有关夏商两代对囚犯进行思想教育的做法记载很少，而关于西周则有一些记载，例如当时的统治阶级为了缓和阶级矛盾，提出了"明德慎罚"的思想。明德，就是提倡教化，运用思想的觉悟来规范和改变人们的社会行为；慎罚，就是审慎施刑，不滥杀无辜。在"明德慎罚"的思想指导下，周公旦对刑罚的目的做了进一步说明，即"要囚，殄戮多罪，亦克用劝"①。意思是说刑罚的目的不在于刑戮服刑人员，而在于劝说作恶者走向正道。《尚书·酒诰》中说："毋庸杀之，姑惟教之。"意思是先不要杀掉他们，姑且教化他们。② 西周的一些法典规定了教化的纲要，由地官司徒执掌。尽管这些思想往往言行脱节，与实际状况反差很大，但这些思想毕竟象征着服刑人员思想教育的最早萌芽。

　　公元前475年的春秋战国时期，中国进入封建社会。封建社会刑罚中以劳役为主的刑罚、流刑占据了主导地位，反映出随着人类社会的文明与进步，刑罚也循着由重向轻的方向进行发展这一历史规律。但纵观整个封建社会，强调对囚犯进行思想教育的内容很少。秦朝继承并推崇法家思想中的重刑思想，实行重刑主义。刑罚的指导思想是繁法而严刑，治狱思想是广狱酷罚，对待囚犯是严刑峻法，很少有思想矫正的内容。

　　西汉时期确立了儒家思想在国家政治生活中的统治地位，提出了"德主刑辅"思想，创制了"悯囚""秋冬行刑"等制度，奠定了封建社会治狱思想。汉武帝采纳董仲舒的"独尊儒术，罢黜百家"的主张，儒家的"仁政"思想成为历代统治阶级的正统思想，西周的"明德慎罚"也就逐渐演变为"无为而治""德主刑辅"和"宽缓刑狱"，即在强化监狱镇压职能的同时，也辅之以一些抚恤的手段。因此，在对服刑人员的宽宥和思想情感矫治方面有了进一步的发展。

　　我国封建社会各朝代逐步建立起了一些宽宥性的制度，主要有：（1）颂系制度。是指矜恤老弱残疾人而不戴桎梏的制度。该制度始于汉朝，其颂系对象主要是八十岁以上的年老者八岁以下的幼弱者、盲人

---

① 《尚书·多方》。

② 张凤仙、刘世恩、高艳编著：《中国监狱史》，群众出版社2004年版，第23页。

乐师、侏儒之类的服刑人员，此外，孕妇和有爵位的官吏服刑人员也在颂系之列。这一制度，历代都有，而且矜恤的对象进一步扩大。如对老幼服刑人员年龄的放宽，《唐律》规定，颂系对象为八十岁以上，十岁以下；①《大明律》《大清律例》都规定：禁系囚徒，年七十以上，十五以下及废疾，必散收，轻重不许混杂，并规定"老幼不考讯"②。再如对妇女囚徒的优待，《唐律》规定"禁囚、死罪枷、杻，妇人及流以下去杻"。《宋刑统》规定："凡禁囚，死罪枷杻，八议者锁禁，妇人去杻。"（2）悯囚制度。是指关于狱囚的生活和待遇制度。秦朝的监狱就建立了囚犯的生活管理制度，规定了囚粮、囚衣的供应标准和发放办法。以后，历代封建王朝不断充实。如《唐律》规定，"囚去家悬远绝食者，官给衣粮，家人至日，以数征纳。囚有疾病，主司陈牒，请给送给医药救疗"，"病重，听家人入视"。③《宋刑统》规定："诸狱皆厚席荐，夏月置浆水，其囚每月一沐。"并规定每囚每日米二升，每五日洗涤一次枷杻。《大清律例》规定："枷杻常须洗涤，席荐常须铺置，冬设暖床，夏备良浆，无家属者，日给仓米一升，冬给絮衣一件，夜给灯油，并给送药。"④ 一些朝代的监狱，除了制定保障囚犯基本生活的规定外，还采取了一些恤刑悯囚的特殊措施。一是"纵囚还家，约期归狱"。是指监狱在特殊情况下可以允许囚犯回家，但必须按照约定期限返回监狱。如《后汉书·虞延传》记载，虞延任细阳县令时，每至夏、冬祭祀之时，即放囚徒回家祭祀，囚徒因感其恩德都能按照规定的日期归狱，有一名囚徒在家生病，为不违约便乘车子主动返狱，回到监狱后就死了。这虽不是当时的常行做法，但也反映出了对囚徒的感化作用。二是"留养承祀"。即死囚留存养亲。是指死囚因家中父母或祖父母年老又无人奉养，可以留命免死，留养其亲，承续"香火"。这一制度始于北魏，如《北魏律》规定："诸如死罪，若祖父母、父母年七十以上，无成人子孙，旁无期亲者，具状上请。流者鞭笞，留养其亲，终则

---

① 长孙无忌等：《唐律疏议》，刘俊文点校，中华书局1983年版，第81页。

② 田涛、郑秦点校：《大清律例·刑律》，法律出版社1999年版，第573页。

③ 《唐律疏议》卷29《断狱律》。

④ 《大清律例》卷48、刑律24、断狱上，狱囚衣粮条律附例3。

从流。"① 至清朝更予放宽，如《秋审条例》规定，留养承祀者枷号两月，责打四十大板后释放。三是"听妻入狱"。是指死罪囚犯娶妻无子的，允许妻入狱居，待其妻怀孕后再行刑。这在《后汉书》中有记载②。（3）宽宥制度。据《唐书·刑法志》记载，唐太宗贞观二年"亲录囚徒、悯死罪者三百九十人，纵之还家，期以明年秋后即刑。及期，囚者皆朝望，无后者"。③ 结果唐太宗下诏把这三百九十人全部囿免了。宋朝对囚犯宽赦的范围更加扩大。宋太宗规定，除谋反、谋大逆、谋叛、恶逆四种犯罪及官吏贪赃不予宽宥外，其他囚犯都可以获得不同程度的宽赦，死刑减为流刑，流刑以下递减一等，杖刑以下释放。

综上所述，我国封建社会对服刑人员宽宥制度的建立和发展，虽在整个古代制度中不占主流，但在一定程度上，对于当时限制残酷刑罚的滥用，对监狱条件的改善，以及在宽赦的制度下对服刑人员自身的悔过自新，也是有某些积极意义的。

1840 年鸦片战争后，中国沦为半封建半殖民地社会，从 1840 年直到 1911 年清王朝覆灭的 71 年间，清政府的狱制长期死守封建旧制不变，只是到了 1901 年后的十年中，出于维护大清王朝统治的政治目的，清统治集团进行了"新政"和"预备立宪"的"变通"活动。1901 年，英国在上海设立监狱，其中有 30 间称"感化院"，专门用于囚禁少年犯，加强对少年犯思想教育。④ 1906 年，英国政府颁布了《上海英国监狱章程》，该章程规定了宗教教诲制度，"监狱内当另设一合配之室，用为宣道所"，该宗教教诲室主要用于传教，犯人必须参加教礼。监狱内应配备一名教士，教士每周至少宣教一次，若犯人生病或受刑时，教士为他们诵读教义，为他们忏悔赎罪。该章程还明确规定，教士传教的目的是对有罪的犯人"时时逐一劝导"⑤。

在西方国家特别是英国监狱制度的影响下，我国先进的知识分子开始向西方学习，学习西方的法律制度和监狱制度，提出了改革我国狱制

---

① 陈春：《三国志·魏书》，中州古籍出版社 1996 年版。

② （南朝）范晔：《后汉书》卷六十四列传第五十四。

③ 《新唐书·刑法志》，上海古籍出版社 1986 年版，第 86 页。

④ 张凤仙、刘世恩、高艳编著：《中国监狱史》，群众出版社 2004 年版，第 148 页。

⑤ 同上书，第 152 页。

的思想。清末改良狱制的代表人物是修订法律大臣沈家本，他通过对日本和西方一些国家监狱的考察，结合中国实际，对狱制改良提出了一系列主张。他认为监狱首要任务是使服刑人员彻底地改过自新——而不是"苦人、辱人"，监狱应由一个惩罚之地变为"改恶从善"的感化之地。① 1908 年在沈家本的主持下，聘请了日本小河滋次郎为顾问起草了《大清监狱律草案》，共 14 章 241 条。其中把建立以柔性思想教育为宗旨的教诲教育制度作为重要内容。沈家本以西方近代感化主义学说作为监狱的宗旨，通过对西方监狱制度运作的系统分析，总结出了监狱"非以苦人辱人，将以感化人也"的结论。他还将西方资产阶级感化思想与儒家德主刑辅思想相比较，认为古人治国虽以德治为本，传统狱制却弊端丛生，原因就在于"治狱之义"不甚明确。因此，监狱必须始终以"感化"罪犯为归宿，只有对罪犯实施感化，才能收到"无妄费、无怨囚、无旷职、事半功倍之效"②。

在感化主义理论的影响下，《大清监狱律草案》采取感化主义原则，服刑人员的监舍构造和卫生设施应以不损害在监犯人的健康为基本原则。监狱管理要以人为本，不伤害在押罪犯的身体健康。监狱在管理服刑人员过程中，开展教育教诲活动。《大清监狱律草案》第六章规定了教育制度，这些制度规定得比较详细具体，操作性强。其内容主要有五个方面：一是教诲的时间。除休息日之外，罪犯至少每十日接受教诲一次。二是教诲的内容。主要有道德教诲和宗教教诲两个方面的内容。三是教育的对象。刑期较短的罪犯，如刑期不满三个月的罪犯，不在受教育之列。四为教育的内容。由于服刑人员文化知识水平较低，监狱主要以文化教育为主，教育服刑人员读书、识字和学习数学等中小学的基础知识。五是教育的时间。每个星期至少有二十四小时对罪犯进行文化教育，通过文化教育改变罪犯的素质、思想和行为。为了保证教诲教育活动的实施，该法律还规定了监狱内应设立教诲所或教育场所，专门用于囚犯的教诲和教育。

---

① ［荷］冯客：《近代中国的犯罪、惩罚和监狱》，徐有威等译，江苏人民出版社 2008 年版，第 42—43 页。

② 张凤仙、刘世恩、高艳编著：《中国监狱史》，群众出版社 2004 年版，第 158 页。

　　《大清监狱律草案》因清政府灭亡未颁布施行，但它毕竟是中国第一部独立的较为详尽的规定服刑人员的法律，打破了封建社会诸法合体的陈规，同时把教化思想作为宗旨，这对以后的监狱立法、思想、实践都产生了较大影响。

　　清王朝在辛亥革命中崩溃，未果的监狱改良则由北洋军阀政府所继续。北洋军阀政府从1912年成立到1927年垮台的16年间，在清末《大清监狱律草案》的基础上，删改颁行了《中华民国监狱规则》，继承了对服刑人员进行思想层面的引导和教育，规定监狱设置各类监狱官吏，其中应包括教诲师和教师。教诲师负责对服刑人员进行思想道德教育工作；而教师则从事对服刑人员的文化知识教育事务。对服刑人员的教育成效建立奖惩制度，纳入北洋政府颁布的《监所职员奖惩暂行章程》中，其中规定对"尽心教导感化多名者"给予奖励。1927年开始的国民党政府统治时期，其监狱管理制度继承了北洋军阀政府的监狱制度，仍然效仿资本主义国家监狱制度中的服刑人员教育方式。在1928年由南京国民政府司法部颁布的监狱法规《监狱规则》中，设有教诲及教育专章，明确规定，在监者一律施以教诲及教育。教诲与教育之区别在于：教诲的目的是德育即道德训导和人格陶冶；教育的目的是智育的培训和训练。可以看出教诲中包含很大的对服刑人员思想矫正的成分。这一期间，有一些从事监狱学研究的学者追求一种仁政的理想，对服刑人员的思想转变给予了极大关注。如赵琛在所著《监狱学》一书中，主张监狱的目的是"以执行自由刑、感化犯罪人为宗旨"。芮佳瑞认为，一位典狱长对待犯人最好的态度，应该像父亲对待自己的儿子既关心又严厉。同样，德育教师应该像"慈母"对待自己年幼的孩子一样。[①] 孙雄在所编著的《监狱学》一书中，将对服刑人员的思想教育作为监狱行刑的主导。其中特别强调，监狱对待犯人就像家庭对待儿子。他在监狱里面受到教育，自然也将会培养一种爱国心："人非木石，爱国之心，自不禁油然而生矣。"[②] 当然，由于北洋军阀政府和国民党政府统治时期，监狱遭受着资金匮乏和人满为患双重困扰，加之监狱的核

---

　　① 芮佳瑞：《监狱法论》，商务印书馆1934年版，第141页。
　　② 孙雄编著：《监狱学》，商务印书馆1993年版，第8页。

心问题主要在于对犯人缺乏精神和情感的感染和教育意识，[①] 因此，即使有一些好的想法，也难以付诸实施。但其反映的对待服刑人员的理念，值得学习和借鉴。

从半封建半殖民地社会到新中国成立这一时期监狱对服刑人员思想矫正的认识看，其总的立法宗旨和内容并无较大差异，都是主张把教诲教育作为行刑宗旨，思想教育由教诲和教育两部分构成，主要内容是德育和智育。而这一总体结构与内容，则是从清末沈家本修律时起，就开始形成了。因此，可以归结为，从20世纪初以沈家本为代表的清末监狱改良开始，到1949年新中国成立这半个世纪里，中国监狱对服刑人员思想教诲及教育的总体构架和结构基本相同。虽然从清末、北洋军阀政府到国民党政府的统治，都是黑暗的专制统治。其监狱之残暴黑暗和腐败也是大同小异，其教诲和教育的目的是奴化犯人，维护其专制统治。但是，从历史发展的角度看，自沈家本以来，中国监狱接受了西方监狱改良的影响，明确提出了对服刑人员教诲和教育的行刑宗旨，建立了监狱的服刑人员思想教育制度，设计了教诲和教育的内容。这比起封建专制时代的监狱服刑人员教育，不能不说是一个进步。

新中国重视服刑人员的思想教育，可以追溯到新中国成立之前革命根据地民主政权时期的监狱教育。在民主政权时期，治狱的一项重要原则就是教育主义，虽然教诲主要是从资产阶级那里学来的，但也是批判地吸收，被赋予了无产阶级的崭新内容，真正体现出教育人、挽救人、改造人的宗旨。1931年11月，中华苏维埃共和国成立后，开始建立工农民主政府的劳动教育矫正院。这是与历史上一切剥削阶级的监狱，有着本质区别的新型监狱。1934年，中央工农临时政府的工作报告指出："苏维埃的监狱对于死刑以外的服刑人员是采取教育主义，即用共产主义精神与劳动规律去教育犯人，改变犯人犯罪的本质。"[②] 1939年，时任陕甘宁边区政府主席的林伯渠在陕甘宁边区第二届参议会上的讲话中指出："对于一般犯人，更多注意教育和感化，使他们改邪归正。禁止

---

① ［荷］冯客：《近代中国的犯罪、惩罚和监狱》，徐有威等译，江苏人民出版社2008年版，第349—350页。

② 夏宗素主编：《狱政法律问题研究》，法律出版社1997年版，第230页。

对犯人实行报复手段和虐待犯人。"1940年《陕甘宁边区宪法原则》司法部分第四条规定："对犯人采取教育感化主义。"1945年，陕甘宁边区第二届司法工作会议总结中明确指出："什么叫犯人？就是普通人犯了法"，"'犯'字下面还有个'人'字，因而要把犯人当人看"。1946年陕甘宁边区第三届参议会第一次大会，将"对犯法人采用教育感化主义"写进大会通过的《陕甘宁边区宪法原则》中，以法律的形式把新中国成立前的监狱治狱方针确定了下来。治狱方针的确立为改造罪犯提供了指导意义，也为新中国成立后我国监狱改造制度的建立提供了经验。

新中国成立之后，党和政府在继承民主政权时期对服刑人员实施思想教育的基础上，依据马克思主义关于改造人、改造社会的理论，结合监狱工作实际，系统地提出了在社会主义条件下改造服刑人员，使他们成为新人的方式方法。在20世纪五六十年代，对服刑人员实行革命人道主义教育，进行政策感召，劳改工作干部注重发挥自身模范作用等做法，就包含对服刑人员的思想矫正，它起到了积极的作用。例如1964年公安部转发抚顺战犯管理所《关于改造伪满、蒋帮战犯的基本经验》时，就是把"干部处以自己的模范行为教育感化服刑人员"作为基本经验提出的；从而能把末代皇帝改造成劳动者，把战犯改造成新人，把社会渣滓改造成为有用之才，创造了举世瞩目的奇迹。但在"文化大革命"期间，在"左"的思想影响下，教育感化被批判、被斥为"资产阶级人性论""阶级立场问题"，"揭、批、斗"占了主导地位，使监狱服刑人员改造工作遭到严重挫折。改革开放以来，经过拨乱反正，特别是根据形势发展的需要和在押犯情况的变化，服刑人员的思想教育不仅被给予了重新肯定，而且受到了高度重视。特别是1981年5月在"五大治安城市座谈会"上，彭真同志强调要重视服刑人员的权利保障，真正转变他们的思想观念，主张关心服刑人员"吃、住、健康，组织帮助他们学政治、学文化、学技术等，使他们感到有出路，有前途，是为他们好"。其见解较"文化大革命"前对服刑人员思想层面的矫正，有了进一步的发展。随之不久在1981年9月召开的全国第八次劳改工作会议上，针对在押服刑人员中青少年犯罪多、劳动人民家庭出身的多、普通刑事犯罪多的新情况和新特点，明确提出对服刑人员尤其是"对青少年服刑人员，在他们服从管教的前提下，要像父母对待患了传染病的孩子、医生对待病人、老师对待学生那样，做耐心细致的教育、感化、挽救工作，关心他们的吃、穿、住、医疗卫生，并认真组织他们学政治、学技术、学文化，为他们创造良好的改造条件，促进思想转化"。这是新时期对我国服刑人员特别是青少年犯进行的重大政策方法调整，它既是对以往教育感化敌对分子和刑事犯罪分子历史经验的科学总结和继承，又是从新的形势发展的需要出发，适应新的形势发展的要求。之后，"感化""三像"作为改造服刑人员的一个重要政策方法，在服刑人员思想矫正工作中发挥了显著的作用。

改革开放以来，随着人们生活水平提高，社会不断进步，许多监狱干警大都经历了一个由过去的不理解、抵触到自觉、积极地对服刑人员实施感化转变的过程。现在绝大多数监狱干警已经在思想、情感上认同了对服刑人员的思想矫正，并积极在实践中对服刑人员做好耐心细致的思想矫正工作，同时产生了许多动人的事迹。

笔者曾专访扬州市司法系统的相关工作人员，就服刑人员的思想矫正工作问题进行了交流。江苏省监狱管理部门非常重视服刑人员思想矫正，如扬州监狱陈某作为一名基层干警，"拥抱太阳，燃烧理想之火"，把服刑人员当"书"读，用心揣摩，用真情换回服刑人员的良知；徐州监狱干警杜某，对服刑人员的教育春风化雨，称得上"为服刑人员而活着"；南通监狱干警朱某，以执着的信念，10年来转化了16名顽危犯，她的秘诀就是"以真情实感"打消服刑人员思想上的壁垒；盐城监狱干警沈某，与一个聋哑服刑人员"笔谈"人生，将一个欲踏上绝路6次自杀的服刑人员硬是拉上了新生的征程。从这一个个生动的事例中，可以看到监狱干警在对服刑人员进行思想矫正的过程中，体现出了一种责任，不仅重视自身与服刑人员间的情感互动，而且重视运用亲情的力量感染服刑人员。这种以亲情为纽带的活动，是中华民族传统美德的延伸和发展，对服刑人员思想转化具有重要的促进作用。

（二）有关监外服刑人员思想矫正的历史沿革

有的犯罪行为不是很严重，犯罪分子的人身危害性不大，因此在符合一定条件的情况下，可以采取监外执行的方式执行刑罚。对监外执行的服刑人员进行思想矫正，也是刑罚执行的内容之一。在国内革命战争时期，我党根据当时的战争环境，创造性地提出了保外服役、限地执行、战时分遣、春耕秋收放假等制度。[①] 1943 年，根据革命的需要，提出了"回村执行"的刑罚执行方式，即对判处短期徒刑或劳役的某些轻微案犯，如果悔改有据，群众不反对，可以交由当地基层政府监督执行劳役，[②] 由群众管制和教育改造服刑人员。新中国成立后，人民法院在审判实践中将过去的"回村执行"，发展成为管制刑罚执行制度。20世纪 50 年代中期，我国政府相继建立了少年管教所、工读学校等机构，专门针对少年罪犯进行教育。随着我国法治意识的不断增强，人权保护力度加大，《刑法》《刑事诉讼法》《监狱法》等法律确立了暂予监外执行制度，并首次以刑法典的形式确定了管制的范围、对象、考察内容和执行机关，这是从法律制度上为服刑人员监外思想矫正提供了依据和准则。20 世纪 80 年代开始的我国政治、经济、社会、文化的体制改革，给人们的观念、生活方式及社会各个领域带来了天翻地覆的变化，人们越来越认识到改变服刑人员行为最切实有效的方法是，转变和矫正服刑人员的思想。为适应全新的变化，部分司法机关和监狱开始实行运用"社会场域"来对服刑人员进行思想矫正的模式。

从服刑人员思想矫正的历史沿革简况可以看出，服刑人员思想矫正有着悠久的历史，是随着社会文明进步不断地向前发展的。我国服刑人员思想矫正状况需要在理论上予以很好的概括和总结，特别是要在理论创新上下功夫，以使服刑人员思想矫正工作再上一个新台阶，提升到一个新水平。

三 当代教育刑主义下的服刑人员思想矫正思潮

按照历史不同阶段进行划分，可以将监狱发展的进程分为古代监狱、近代监狱和现代监狱。古代监狱和近代监狱都以报复刑理论为行刑的基础。在报复刑理论指导下，监狱所追求的是对犯罪人的惩罚，而忽视对犯罪人的矫正教育。然而事实证明，报复刑理论下的监狱对服刑人员的改造效果，仍然是高累犯率、高犯罪率的发生。刑罚在抑制犯罪中

---

① 王飞：《社区矫治是中国特色罪犯改造制度的新发展》，《上海警苑》2003 年第 5 期。
② 王平：《中国监狱改革及其现代化》，中国方正出版社 1999 年版，第 50 页。

的作用是有限的。

（一）教育刑主义下第一阶段的服刑人员思想矫正

为了进一步探寻抑制犯罪和改造犯罪的方法，教育刑理论随着人类文明的进步产生了。由于采取报复刑并不能从思想上解决犯罪的根本问题，社会上对服刑人员的认识逐步由奴隶社会、封建社会的报复刑主义、威慑主义，过渡到教育刑主义，由对服刑人员进行残酷的肉体刑为主的惩罚手段，过渡到以重视思想教育为主的矫正手段。人们对刑罚的认识，逐渐从经验过渡到理性，社会各界对生命刑、肉体刑的负面作用有了较为深刻的认识。

教育刑认为，犯罪不是犯罪人自由选择的结果，而是多种原因共同作用的结果，主要是社会的产物。刑罚的目的"并非对于犯罪之报复，而系着重于将来犯罪之预防，对于犯罪行为人给予矫正、治疗、教育之预防的作用"[①]。在教育刑理论指导下的监狱行刑，如同医生对待患者一样，矫正其反社会倾向或犯罪恶习，最终使其顺利回归社会。该理论强调，对服刑人员的刑罚应建立在人性基础之上，它倡导刑罚观念的变革，应从刑罚的惩罚性过渡到刑罚的矫正性，并通过各种矫正措施使服刑人员不再犯罪。刑罚不应再是对犯罪的机械式的法律规定，而是抵制和预防犯罪，尤其是矫正服刑人员的一种手段。以此为指导思想对服刑人员进行教育和矫正，使其步入社会真正成为对他人、对社会有利之人。

教育刑主义从16世纪零星出现，到20世纪初50年代，已在世界范围内普遍采用，这个时期属于教育刑主义下服刑人员思想矫正的第一阶段。西方国家现代监狱以教育刑理论为基础。在教育刑主义指导下，对服刑人员思想矫正辅之以文化教育、职业培训、宗教活动等一系列矫正活动，但劳动改造仍然被确定为服刑人员思想矫正的基本手段。通过劳动教育，使服刑人员学习一定的劳动技能，培养服刑人员自食其力的能力。

在教育刑理论的影响下，不仅在立法上彰显教育刑思想，而且在行刑实践中也贯彻着教育刑思想。例如，瑞士于1996年修订的《刑

---

① 黄村力：《刑罚总则比较研究——欧陆法比较》，三民书局1995年版，第327页。

法》规定了"应当对罪犯起到教育作用，为其重返社会做好准备"；意大利宪法规定"刑罚不允许反人道的处置，必须是对罪犯的再教育"。在实际执行刑罚过程中，着重强调刑罚执行的教育化、人道化，监狱管理的民主化和社会化，这些措施有力地避免了服刑人员回归社会后再犯罪。①

教育刑思想在近代传入了我国，引发了清末的监狱改良运动，我国现代意义上的监狱开始萌芽了。1840 年以后，随着西方列强的入侵，西方资产阶级主张废除死刑、改革肉刑，② 实行感化教育的思想也传入我国，引发了清末的监狱改良运动，其代表人物是沈家本和张之洞。沈家本的改良主张有：建造新监狱，以示狱制文明，认为监狱的宗旨在于感化人，主张监狱应当重视对少年犯的教育；注重监狱官吏的培养，重视监狱理论研究；注重制定监狱规则，编辑监狱统计。张之洞的改良主张有：轻刑罚、恤刑狱、教工艺、派专官和重治吏。

他们的改良主张体现于清朝末年 1910 年的《大清监狱律草案》之中，该法是中国历史上第一部监狱立法。它提出教育刑思想和赋予服刑人员劳动以矫正的职能，规定了服刑人员作业制度。该法虽没有被清朝政府颁布实施，但却为以后的北洋政府、国民党政府颁布的有关法律法规所沿用。清末的教育刑思想彰显着文明、人道、教化等理念，不仅对当时的监狱改革具有推动作用，而且对完善我国当今监狱行刑制度也有一定的借鉴意义。

（二）从 20 世纪 50 年代到现在，为教育刑主义下第二个阶段的服刑人员思想矫正

在世界范围内对服刑人员进行矫正的改良运动中，各国普遍地确立了服刑人员行刑教育的理论并付诸实践，认为以此就可收到预防犯罪的最佳功效。然而，实际上犯罪率不但没有下降，反而成倍增长。严酷的现实促使人们对服刑人员的行刑教育进行了深刻的反思，认识到犯罪原因不仅有服刑人员的主观因素，而且还有社会客观原因。对此，监狱本身独立难支，因而力图重建行刑理论体系。在这期间，综合理论或称作

---

① 王占启：《对可以教育改善的罪犯执行死刑之否定》，《政法论丛》2012 年第 3 期。

② 《中国监狱史》编写组：《中国监狱史》，法律出版社 1986 年版，第 193—194 页。

一体论、折中理论，即社会与监狱行刑教育综合论便应运而生。① 在这个时期里，国家要求监狱收敛组织服刑人员劳动的谋利目的，而要重于发挥组织服刑人员劳动的矫治教育功能。这是因为西方资本主义发展到帝国主义时期，出于政治上的需要，国家有意识地对刑罚理论研究的走向进行行政干预，吸取了历史上存在的刑罚理论与实践的合理因素，在教育刑思想的范畴内提出了综合刑理论，主张在刑罚剥夺、威慑、教育功能的基础上，把行刑矫正服刑人员与社会参与结合起来。

正如德国刑事社会学派的代表人李斯特所说的："最好的社会政策，也就是最好的刑事政策。"20 世纪进入了监狱行刑矫正服刑人员与社会参与的时代，监狱的开放式处遇、开放式监狱、社区矫正等取代了监狱行刑矫正服刑人员的单一教育手段。一方面，基于已然的犯罪，通过对服刑人员执行刑罚来均衡所犯的罪恶并满足社会的正义需求，同时，通过在对服刑人员执行刑罚的过程中重视对其思想的矫正，并求得社会合作，使服刑人员在思想上彻底重返社会而不再犯罪；另一方面，通过刑罚执行，威慑可能犯罪的人们，从而预防犯罪。

第三节　服刑人员思想矫正之理论依据

马克思在《〈黑格尔法哲学批判〉导言》中指出："理论一经掌握群众，就会变成物质力量。理论只要说服人，就能掌握群众；而理论只要彻底，就能说服人。所谓彻底，就是抓住事物的根本。"② 马克思强调了理论在教育群众中的作用，理论一旦被群众掌握，就可以转变为群众行动的动力和指南。思想矫正是一种教育人的工作，其目的在于转变人们的思想观念，提高人们的思想道德素质。虽然思想矫正不直接创造社会物质财富，但它可以通过转变矫正对象的观念，调动其积极性，从而间接地创造物质财富，促进社会生产力的发展、进步。研究思想矫正的理论依据，用理论指导思想矫正的工作过程，对于促进思想矫正工作

① ［德］汉斯·海因里希·耶赛克、托马斯·魏根特：《德国刑法教科书》（总论），徐久生译，中国法制出版社 2001 年版，第 87 页。

② 《马克思恩格斯选集》第 1 卷，人民出版社 1995 年版，第 9 页。

顺利开展，提高思想矫正工作的社会价值，具有重要的意义。

一 马克思主义人学理论

服刑人员作为思想矫正的对象，无论矫正方法和矫正过程都需要一定的理论基础，需要根据服刑人员的特点进行矫正和改造。服刑人员作为最基本的个体的人，对其进行思想矫正，不论是自觉的还是不自觉的活动，都必须从人的本性出发，根据人的本性的最基本特点开展矫正活动。德国教育家福禄贝尔曾经指出："只有对人和人的本性的彻底的、充足的、透彻的认识，根据这种认识，加以勤恳的探索，自然地得出有关养护和教育人所必需的其他一切知识过后……才能使真正的教育开花结果，欣欣向荣。"[1] 这段话对于服刑人员思想矫正具有指导意义，对人进行思想教育，首先须从人的本性出发，从马克思人性论出发。对人性的不同看法，不仅影响到矫正工作者对服刑人员的思想态度，而且还会大大影响到服刑人员的改造效果。

在马克思主义的人性观出现以前，许多哲学家、思想家、教育家对人性问题进行了有意义的研究和探讨。从历史观的角度来看，这些理论符合特定历史阶段发展的特点，有许多科学合理之处。但他们的学说基于阶级地位和时代的局限性，并没有科学地阐明人性的本质及其特征。马克思主义的人性观与以往的人性观具有原则性的区别，它建立在唯物史观的基础上，运用辩证唯物主义和历史唯物主义的基本原理，科学地阐明了人性的本质和特征。马克思主义对人性的认识，是随着历史的发展而不断深化和发展的，不同的历史时期，对人性的认识有不同的观点，从而使马克思主义的人性观更加丰富和全面。

（一）马克思主义人学理论关于人的本质分析

马克思主义对人性的认识主要体现在对人的本质认识上。首先，马克思指出："人类的特性恰恰就是自由的自觉的活动"，"有意识的生命活动把人同动物的生命活动直接区别开来。正是由于这一点，人才是类存在物。"[2] 这里的"自由的自觉的活动""有意识的生命活动"，指的

---

[1] 张焕庭主编：《西方资产阶级教育论著选》，人民教育出版社 1979 年版，第 315 页。

[2] 《马克思恩格斯全集》第 42 卷，人民出版社 1982 年版，第 96 页。

是人类改造自然、征服自然的劳动和社会实践。马克思在这里超越了他原来把人性的本质理解为"类存在物"（所谓"类存在物"就是指人类所具有的共同特性，即人是有血有肉、有感觉思维特点的动物）的观点。同时，马克思认为人的劳动或实践，是区别于其他动物的最根本的特性，是人类的本质特征。动物的活动只是消极、为了生存的本能活动，而人的劳动或实践，却是一种积极地能动地改造客观世界的创造性活动。人的劳动是有目的性、有计划性的活动，体现了人的自觉能动性。

其次，马克思认为："人的本质是人的真正的社会联系。"① 并提出："人并不是抽象地栖息在世界以外的东西。人就是人的世界，就是国家，社会。"② 马克思认识到人的本质并科学地提出人的本质，是在他的著作《关于费尔巴哈的提纲》中。他提出："人的本质并不是单个人所固有的抽象物，在其现实性上，它是一切社会关系的总和。"③ 从这些观点可以看出，马克思已经摆脱了费尔巴哈的影响，对人的本质做出了历史唯物主义的界定。这是马克思主义关于人的本质理论中的一个根本性命题，即人是具有感性认识和理性认识的动物，能够在社会实践活动中不断地得到发展。这些理论观点，是我们对服刑人员进行思想矫正的哲学基础。

马克思关于人性本质的观点符合历史发展潮流，体现了作为社会主体的人的最基本的特征。第一，人性具有社会性。众多研究表明，人性包含人的自然属性（或人的自然规定性）和社会属性（或社会规定性），但人的本性或人的本质，只能是由人的社会关系规定的，人的本质是社会关系的反映。马克思主义认为社会实践是人与人发生关系的纽带和桥梁，只有在这种社会联系上，人类才能生存和发展，同时也成为人区别于动物的主要特征。所以，对人性的认识不仅仅要看到人的自然属性，更要看到人的社会性。人性是一个具有社会性的范畴，人性的问题，必须放在一定的社会关系、一定的社会环境中，才能有正确的了

---

① 《马克思恩格斯全集》第42卷，人民出版社1982年版，第24页。
② 《马克思恩格斯全集》第1卷，人民出版社1972年版，第452页。
③ 《马克思恩格斯全集》第21卷，人民出版社1979年版，第421页。

解。马克思在强调人的社会性的同时，并没有遗忘人的自然属性。他认为："任何人类历史的第一个前提是这些个人的肉体组织，以及受肉体组织制约的他们与自然界的关系。"① 也就是说，马克思在强调人性的社会性的同时，坚持了人性的自然属性和社会属性的统一。

第二，人性具有历史性。马克思认为，人性不仅是个社会范畴，而且也是一个历史范畴。人的本性既是社会的产物，也是历史的产物。这就是说，在人类社会中，人已经获得了某种规定性，但又不会满足某种已经获得的规定性。人有一般的本性，更重要的是体现在一定的社会历史条件下的、不断变化着的具体的人性。因此，研究人性的问题，既要看到人的一般本性和稳定性，同时也要看到每个时代中不断变化的人性，用历史唯物主义的发展观，认识和对待人性和人的本质。

第三，人性具有实践性。生活在社会中的人，需要不断进行实践活动，社会实践活动是多样的，人的实践活动是主动的、自觉的、创造性的活动。在社会实践活动中，人往往按照自己的本性——人的需要，自觉地、创造性地认识和改造客观世界和主观世界，如此循环往复，推动着人的本质不断变化和发展。从这个意义上讲，人是自己的本质的创造者，这也可以说是马克思的人的本质的精髓。②

第四，人性具有发展性、变化性。人性在一定的社会条件下，在外力和内力的双重推动下，不断变化和发展。任何一个人，从思想品德上说，都没有先天的善恶。人的向善向恶的能力都是在后天逐步形成的。人的向善向恶的能力，既然是后天形成的，因而就是能够改变的。善者可以更善，或者可以变恶；恶者也可以改恶从善，或者变得更恶。在这个意义上可以说，人的本质的一个特点，就是他的可变性或可塑性。正是这种可变性或可塑性，才使服刑人员思想矫正不仅成为可能，而且成为必要。马克思主义的这种科学的人性观，为服刑人员思想矫正的必要性和可能性，提供了理论依据。

（二）历史上有关人性论的争议

服刑人员思想矫正作为改造服刑人员使其回归社会的一种重要手

① 《马克思恩格斯全集》第 1 卷，人民出版社 1972 年版，第 24 页。
② 陈志尚：《人学原理》，北京出版社 2005 年版，第 24 页。

段，它需要转变服刑人员的世界观和价值观，祛除服刑人员的兽性和恶性，唤起和复苏服刑人员善良的人性，促进服刑人员回归社会的人性，进而成为守法的公民。

1. 性善论与"内蕴说"

以孟子为代表的性善论学派认为人天生具有善良的本性，具有积极向上的倾向，"人皆可以成为尧舜"。这句话的意思是鼓励人们向善，人人都可以成为有德之人。人的本性是善良的，人之所以会变坏，是后天不良环境的影响，好的环境可以影响改造人，恶的环境可以使人变坏。古代有名的"孟母三迁"的故事，就是强调了良好的环境对人的影响作用。服刑人员从本性来看亦是善的，之所以犯罪主要是后天受到不良影响所致。既然人性本善，即使后天具有恶性的人经过教化也可以向善；因此，矫正工作者要相信通过对服刑人员的思想矫正，可以恢复服刑人员已丢失的善性。因此，要尽可能地调动服刑人员改造的积极性，创设适宜服刑人员改恶从善的社会环境和思想矫正条件。"因为只有在人性充盈的地方，才能生长出健康的人性和自尊的人格；而在人性的沙漠中，我们收获到的只能是病态懦弱的人性和冷漠的人格。"[1]

2. 性恶论与"外显说"

以荀子为代表的性恶论认为，人天生就具有贪欲、懒惰、逃避等恶端，这些倾向是动物的本能在人身上的延续。"人之性，恶；其善者，伪也。"[2] 这句话的意思是，人的本性趋向于邪恶，人的善良行为都是后天作为的结果。由于人性本恶，所以必须对人的本性加以制约、矫正，通过教育使人向善。对于服刑人员，需要通过监狱及社会上各类矫正机构对其人性进行改造，通过后天的教育和感化，转变服刑人员思想观念，改恶从善。

3. 性恶论与"不可教"说

从性恶论出发，派生出一种观点认为，有些人特别是服刑人员之性恶不可移。汉代大儒董仲舒综合孟子和荀子人性理论各自的优点和不足，提出了"性三品说"。他将人性分为上、中、下三品，上品近乎全

---

① 王啸：《"人是价值的存在"及其教育学意蕴》，《高等教育研究》2005 年第 5 期。

② 方勇、李波译注：《荀子》，中华书局 2011 年出版，第 221 页。

善，是"圣人之性"，不教而成，上品的人天生就是善的，不用教育；中品可善可恶，是"中民之性"，教可成善，不教则成恶；下品近乎全恶，是"斗筲之性"，"贱民之性"，天生就是恶的，教也难成善。西方刑事人类学派创始人龙勃罗梭就曾认为，促使服刑人员犯罪的决定因素是遗传因素，服刑人员的犯罪具有天生性，因而对服刑人员谈不上矫正和感化。意大利法学家、犯罪学家菲力也认为，生物原因仍是犯罪的重要原因，如脑异常、颅骨异常、主要器官异常、感觉能力异常等，① 以此说明服刑人员不能矫正和感化。现代美国监狱学者奥纳特·丁·库珀认为，希望服刑人员适应社会生活，这是根本不可能的，因而主张一味监禁。

（三）人性善恶论及其启发意义

人本性的善恶，作为人的本性的基本问题，存在着不同的观点和争议。这些观点和争议，如果孤立地看，其意义并不大，而一旦与具体的服刑人员思想矫正问题联系起来，就具有指导意义和现实意义。从服刑人员改造的实际情况来看，无论性善论的观点还是性恶论的观点，它们都能为服刑人员思想矫正提供具有价值的借鉴意义。例如性善论对当前最大的启示，就是我们在从事服刑人员思想矫正工作时，要尽可能地挖掘服刑人员善的一面，扩大服刑人员善良方面的因素。而性恶论也不是一无是处，在某种意义上也具有价值意义。性恶论提醒思想矫正工作者要认识到服刑人员改恶从善的困难，但只要通过耐心细致的思想教育和引导，仍然会取得较好的矫正效果。人的本性是善还是恶，虽然在理论层面存在一些争论，但现实中人的本性是多种多样的，如人的本性可以是善恶相杂，可以是无善无恶。此外，人的本性是丰富的，是多样性的统一，是不断发展变化的。在人性善恶不断发展变化的情况下，认为人性本善本恶未免有些不严谨。同时，人性的善恶涉足价值领域，如果不首先明确善恶标准，那么断言人性善恶就变得没有意义。② 在服刑人员思想矫正过程中，性善与性恶的不同价值取向，往往会决定服刑人员思

---

① 菲利：《犯罪社会学》，中国人民公安大学出版社1990年版，第42页。

② 夏正江：《教育理论哲学基础的反思——关于"人"的思考》，上海教育出版社2002年版，第8页。

想教育的方向，特别是社会的信仰方面。人们的善恶标准不同，也影响着服刑人员思想教育价值选择。为了使人的本性善恶理论在服刑人员思想矫正活动中激发出新的活力，我们必须正确认识和利用人性善恶理论，积极做好服刑人员思想矫正工作。

1. 从服刑人员善恶的价值判断转向对服刑人员人性的事实判断

从事实上看，人本身就兼具"性善"与"性恶"两种不同特征，纯粹的"性善"与"性恶"是不存在的。现实生活中的人善恶不一，只不过是善与恶在一个人身上所占的比例不同而已。如果善的成分占得很多，就可以说他是一个道德楷模，也可以说他是一个好人；如果恶的成分占得较多，就可以说他是一个坏人，或者说他是一个恶人或罪人。就监狱服刑人员来说，他们大都是罪人或恶人，某些人甚至是元凶。但如果用一分为二的观点看问题，不难发现他们身上恶的因素只不过处于优势，善的因素处于相对劣势，恶的因素掩盖了善的因素。即使是看来似乎"不可救药""顽固不化"的服刑人员，尽管他们身上恶的因素很多，但也不排除他们身上仍然存在点滴的善的因素。只有恶的因素，而无善的因素，所谓"顽固不化"的服刑人员，实际上是不存在的。根据罗大华等编著的《犯罪心理学》的研究成果，其根据主要体现在以下几点。

其一，服刑人员虽然接受了来自某些方面的不良影响，但是在社会主义制度下，社会、家庭、学校或者亲友也曾给他们以良好的影响，尽管不良的影响在他们身上所起的消极作用占了优势，最终使他们成为服刑人员，但并不等于良好的影响在他们身上不留任何痕迹，只不过暂时处于劣势。其二，服刑人员走上犯罪道路的过程，一般是两种动机斗争的过程，尽管斗争的结果是错误的动机战胜了正确的动机，但并不等于正确的动机已经消失，或者说其还处于暂时的劣势。其三，一个服刑人员只是在一个或几个方面犯了罪，但在其他方面并没有犯罪，在这些没有犯罪的方面，他们同正常人具有相同或相似的心理因素。其四，虽然许多服刑人员存在严重的自卑感，但在内心深处却程度不同地隐藏着自尊心、人格尊严以及改好的愿望。其五，每个服刑人员都有自己的兴趣、爱好和能力，只要注意发现、正确引导、善于利用，就可能使它们成为接受改造的积极因素。其六，即使是服刑人员心理结构中的某些消极因素，通过矫正，也可以变为积极因素。如传统社会中讲义气这个特点，矫正工作者可以利用讲义气，来改造服刑人员，使他们具有关心别人、爱护集体的好品质。这就提醒监狱及社会要正确认识和对待服刑人员，在服刑人员思想矫正过程中，要善于发现和培育这样或那样的处于劣势的善的因素，并利用善的因素克服恶的因素，以促使服刑人员善的因素由量变到质变，促使服刑人员善的因素占主导地位，实现由恶从善的转变。①

2. 把服刑人员人性善恶的预设由消极定向转向积极定向

对人特别是对服刑人员人性的积极定向与消极定向，并不分别等同于性善论与性恶论。它们只是看待人性的两种不同方式。面对同一个服刑人员，持积极定向的思想矫正工作人员，总是习惯于首先或主要关注其身上潜在和现实的善的倾向，而持消极定向的思想矫正工作人员，总是习惯于首先或主要关注其身上潜在和现实的罪恶倾向。一般而言，思想矫正工作者对服刑人员的定向不同，就可能导致不同的教育方式和方法。持积极定向的思想矫正工作者，总是能够积极地、敏锐地发现所谓天性"恶劣""无可救药""顽固不化"的服刑人员身上潜在的积极倾向，并创造各种条件，使其天性中未被泯灭或微弱的善良倾向得以生长、扩充起来，最终达到消除消极倾向的目的。总之，思想矫正者积极的定向、真诚的关爱、殷切的期望会极大地促进服刑人员感情上发生变化，有时会产生意想不到的效果。而持消极定向的矫正工作者首先关注的是，一个服刑人员过去所犯的罪行和现行的缺陷问题，这就导致把主要的精力和注意力放到了如何通过外在的监管，强制性地改变服刑人员身上的问题和不良倾向，或者一厢情愿地通过外在灌输，试图在对方身上铸造自己所希望的美好的人性品质。诚然，这种定向办法实际上有一定效果，如服刑人员表面上比较服管，但是有可能陷入"自我实现的预言"而不自觉。马斯洛曾举过这样一个例子，假如人们相当强烈地认为黑人根本就是游手好闲、漫不经心、懒惰成性、不可教育的，那么这个强烈的观念本身就会变成一个决定因素，往往导致该观点"自我实现"，认为黑人是不可教育的，并且顽固地坚持这个观点，那么，自然

---

① 罗大华等编著：《犯罪心理学》，群众出版社1983年版，第374—375页。

就无须为他们建造学校。没有学校，黑人得不到教育，就会表现出愚蠢和迷信，而迷信、愚昧和平均智商低，反过来又被当作黑人不可教育的依据。① 这一例子不由使人想到，假如相关矫正教育的工作者相当强烈地认为服刑人员根本就是天性邪恶、社会渣滓、死不悔改、不堪矫正和感化，那么，这个强烈的观念本身就会变成一个决定因素，同时导致该观点的"自我实现"：矫正工作者一旦认为服刑人员不可矫正，那么自然就无需对他们采取各种积极的矫正措施，服刑人员得不到应有的矫正，就会情绪低落，甚至产生与监狱及相关矫正机构工作人员的对抗，出现过激行为甚至又犯罪，而这种现象反过来又会被当作服刑人员不可矫正和感化的依据。如此延续下去，就会形成恶性循环。马斯洛曾主张创建"积极心理学"，就是要对受教育者持积极定向，对服刑人员亦应主张在思想矫正过程中注重对他们的人性复归，进行积极定向。

（四）马克思人性观视野下的服刑人员思想矫正

思想矫正作为促进服刑人员成为守法公民的重要条件，只有与人的本性相符合，才能发挥积极的作用。根据马斯洛"需要层次理论"，思想矫正属于人的高层次需要。马斯洛把人的需要按其重要性的先后顺序分为五个层次：生理需要、安全需要、社交需要、自尊需要、自我实现需要。② "需要层次理论"认为，人们一般按照这种层次性来追求各项需要的满足，以此来理解人们行为的动机。实际上，从人的本性来看，马斯洛的"需要层次理论"包括了人的自然属性和社会属性，服刑人员同样也具有这两种属性。因此，在对服刑人员实施思想矫正时，要重视服刑人员的社会性，如前所述，社会性是人的重要特性，服刑人员也不例外。因此服刑人员思想矫正要依据一定的社会关系，根据社会需要来进行，这样才能使服刑人员实现再社会化，回归社会后适应社会生活。

1. 坚持人的受动性与能动性的统一

具有科学性和人道性的服刑人员思想矫正，总是建立在服刑人员受动性和能动性相统一的基础上的。一方面，服刑人员在服刑期间具有受

---

① ［美］马斯洛：《马斯洛人本哲学》，成明编译，九州出版社2003年版，第97页。

② 同上书，第52页。

动性，对服刑人员恶性的改变和善性的重塑才有可能。因为服刑人员有了可塑性，服刑人员的改造和自新才具有巨大潜能，服刑人员思想矫正才会发挥作用；另一方面，服刑人员又具有主观能动性，按照辩证唯物主义的观点，人在一切活动中都具有自觉意识，人总是力图能动地认识和改造外部世界和内心世界，因此在服刑人员思想矫正的具体过程中，服刑人员经过一个阶段的监管矫正，不但具有受动性，会自动地接受矫正，而且会主动地、积极地参与到各种矫正、感化活动中去。服刑人员的受动性为对其进行思想矫正提供了可能，而服刑人员的主观能动性则对服刑人员的思想矫正提出了不同的要求。所以，我们在服刑人员思想矫正中，既不主张过分注重服刑人员的受动性，把服刑人员当作消极的容器，搞一厢情愿，导致以教育者为主的单向教育活动；又不主张过分夸大服刑人员的主观能动性，一味地强调服刑人员的需要和爱好，甚至迁就服刑人员的不良需要和爱好，而忽视服刑人员教育者的主导作用。

2. 坚持人性的稳定性和可变性的统一

人性的稳定性往往表现为人的动物性。恩格斯指出："人来源于动物界这一事实已经决定了人永远不能完全摆脱兽性，所以，问题永远只能在于摆脱多些或少些，在于兽性和人性在程度上的差异。"[①] 服刑人员人性构成比例中，恶的成分相比普通人来说体现得较多，但是，人的"动物性"与动物有所区别，动物在本能驱使下，产生需要，并在本能的驱使下满足需要，而人的需要是社会性的需要，与社会生产活动紧密联系。人性与社会一直在相互作用，不断变化。人性的生成实际上是人的本能的再社会化过程，就服刑人员而言，他们虽然体现着较多的人性恶，并且人性恶的成分具有一定的稳定性，但也是可以改变的。因此，教育者需通过多种矫正手段，消除不良外部环境对服刑人员的影响，创设新的矫正环境，强化新的良性因素，从而实现服刑人员的改变和真正复归。

二　人道主义行刑理论

人道主义起源于 14—16 世纪的欧洲文艺复兴运动，其最初的形式

---

① 《马克思恩格斯全集》第 20 卷，人民出版社 1979 年版，第 110 页。

是以人文主义体现出来的。它的核心思想是以人为中心，具体则要求关怀人，尊重人性和人的尊严，尊重人的自由意志。[①] 人道主义行刑理论受到了人道主义的影响，可以说是最古老和最有影响力的行刑理论。人道主义行刑理论也符合教育刑的思想。教育刑认为，刑罚的目的在于改造、教育犯罪人，实行犯罪人的再教育化，使其能够正常回归市民社会的原本生活。人道主义要求加强对服刑人员的教育，如对服刑人员进行职业培训、技能教育，教育服刑人员，消除其危险性，成为守法的合格公民。

无论是在东方的中国还是在西方的资本主义国家，人们很早就从人道主义的立场去探讨服刑人员刑罚的执行、刑罚改革等问题。人道主义行刑理论的基本观点是，人类社会具有深刻的人文性、宽容性、慈悲性和同情性，因此，无论犯有罪行的服刑人员多么残酷、多么没有人性，人类社会本身在对其进行惩罚时，应遵守或体现一定的人类文明标准，刑罚的执行在一定程度上应表现为符合人类文明的人文性、宽容性和慈悲性；刑罚的执行虽然具有惩罚性的特点，但这种惩罚应具有合理性，不能超越人类文明的标准去追求惩罚的极端残酷性和严厉性。罪犯曾经侵害他人，危害社会，但为何要对服刑人员推行人道，主要原因有以下几点。

第一，服刑人员也是人，也是公民，也是社会的一分子，必须享有人道的待遇。《世界人权宣言》第一条规定："人人生而自由，在尊严和权利上一律平等。他们富有理性和良心，并应以兄弟关系的精神相对待。"法律的基本精神在于保护个人的基本权利，避免将人当成实现社会目的的纯粹手段，现代法治社会要求给服刑人员作为社会成员所应有的尊重，不得任意剥夺其权益，这也体现了人类文明的程度。

第二，人人都有犯罪的可能，人人都有成为罪犯的可能。犯罪是一种正常的社会现象，犯罪的原因是多种多样的，其中社会因素是导致犯罪产生的主要原因，或者说是主要诱因。人非圣贤，个体的人是感性的，有时会产生冲动的想法或行为，人又有欲望，有贪心、名利心、痴

---

① 《普列汉诺夫哲学著作选集》第 2 卷，生活·读书·新知三联书店 1961 年版，第 42 页。

望心，不仅正常的欲望常得不到满足，更别说非正常的欲望。人有欲望而得不到满足，有的人轻则违法，重则犯罪。针对犯罪人员，封建专制国家对罪犯给予严厉的惩罚，所以尽其所能折磨惩罚罪犯，不会对罪犯实行人道。现代民主国家尊重每一个公民的基本权利，对罪犯也不例外，这样的国家在惩罚犯罪的基础上，还要保证罪犯享有人的权利和尊严，通过教育促使其改过自新并顺利回归社会。

第三，各国学者对犯罪产生的原因有普遍的共识，犯罪的发生不仅有罪犯个人本身的原因，还有复杂的社会原因，其中社会原因是主导原因之一。对于犯罪后果的出现，违法行为人要承担相应的刑事责任，但社会也有一定责任。社会不能仅仅只谴责犯罪和惩罚罪犯，而是需要夯实减少和消除犯罪产生的基础，并对服刑人员的刑罚多样化、轻缓化和社会化。

第四，对服刑人员采取人道，才有可能真正地彻底地矫正服刑人员。一方面对于矫正罪犯而言，罪犯的自我完善、自我教育是决定性的因素，罪犯自觉自愿地参加矫正项目，这也是对他们实施各种矫正的前提条件。另一方面，对犯罪采取人道主义，能使服刑人员自愿地接受教育和改造。酷刑对于社会、对于服刑人员都毫无益处。贝卡利亚对残酷的刑罚发出了谴责的声音：严酷的刑罚违背了公正和社会契约的本质，因而不应该出现在立法中。严酷的刑罚是不符合人的本性的，没有人在理性中情愿丧失如此重大的自由。[①] 非人道的酷刑显然是把罪犯视为敌人，罪犯怎么可能接受敌人的教诲呢？

服刑的人道理念应该包括哪些内容呢？我国学者陈士涵将监狱改造中的人道主义分为三个方面："第一，关心和改善服刑人员的物质生活，满足最基本的生活需要，这是人道主义最低要求。第二，尊重服刑人员的人格、保护人权等是行刑人道主义较高的层次要求。第三，改造服刑人员的人格，使其身心得到健康发展，这是行刑人道主义最高层次。"[②] 这种观点从人的需要角度对人道主义进行分析，充满了对服刑人员的

---

① ［意大利］贝卡利亚：《论犯罪和刑罚》，黄风译，中国法制出版社 2002 年版，第 167—181 页。

② 陈士涵：《人格改造论》下卷，学林出版社 2001 年版，第 677 页。

关爱。

在当前法治国家中，服刑人员的人道理念主要包括以下内容：第一，明确国家对服刑人员的教育责任。国家对罪犯的惩罚是有限的、法定的，是次要的，只能是教育的辅助手段。第二，人权是人道的集中表现，法律应明确规定罪犯的各项基本权利，如服刑人员的人格尊严不受侵犯，享有劳动报酬权、教育权等。第三，努力使服刑场所的生活接近社会，通过教育使服刑人员具备在生活中生存和发展的能力。第四，最为主要的是，为服刑人员创造一个良好的服刑环境和制度，使其得到充分的思想矫正，减少或避免让服刑者回归社会之后再次犯罪。

三　人格动力学理论

服刑人员思想矫正的主体是人，人格是思想政治教育学科的重要概念之一，分析人格特质，可以更好地总结服刑人员思想矫正活动中遵循的人格发展变化和活动规律。关于人格的定义是指，具有社会属性的个人，通过社会实践活动的社会化过程，形成相对稳定的个人内在特质，在外部环境的作用下，通常以道德认知、心理认知、行为实践等形式表现出来。此过程通常先由人格内部的运动产生动机，再通过动机的刺激促使行为的形成。由此可以看出，人格的形成表明人是具有主观能动性的个体，一个行为需要靠个体的动机发生，动机的出现往往有赖于主体需求、道德认知、意志力及外部环境等因子。人格的复杂性产生了较为强大的动力结构，这个结构需要内在与外在的能量支持方能推进个体行为的发展。因此，在服刑人员思想矫正工作过程中对人格动力理论及结构组成进行分析，可以为提升矫正教育的效果产生重要的指导作用。

国外一些学者对人格动力结构提出过不同的观点，总结出了不同的结构模式。奥地利学者弗洛伊德提出了一个经典的人格动力结构模式。他认为，个体人格可以划分为"本我""自我""超我"三个组成部分。[①]"本我"由最初的生物细胞构成，处于待激发的原始状态。"自我"处于本我与外界之间，是理性的、现实化的本我，自我具有较强的能动性，基本是人格的"执行者"。"超我"是从自我中分化而来的，

---

① 《弗洛伊德后期著作选》，上海译文出版社1986年版，第16页。

处于人格的最高阶段，它是个体在社会活动中通过道德规约、法律制度的学习和领受而形成的，遵循"至善原则"。这三个组成部分中，自我起着承上启下的作用，当"本我"的原始状态被激发之后，"自我"便朝着最高阶段"超我"的目标做出行为，该行为可能产生两种后果，一种是遵循"超我"的原则行为，实现自我的"至善"；另外一种则未能沿着"超我"的目标行为，从而将源自"本我"的意识重新返回原始状态。弗洛伊德人格动力模式的提出，为研究人的行为结构提出了一个理论框架。但是，他的人格动力结构模式却存在着不足：弗洛伊德在他的研究领域中，不论是生理、心理还是社会现象都惯于运用他的泛性论去分析问题。

与弗洛伊德的观点不同，美国心理学家凯伦·霍妮也提出了"自我"的概念，但其核心不同于弗洛伊德的"自我"，霍妮强调的是人本身，即个体对自己的看法，由于每个人之间存在生活环境、知识层次等的差异，因此"自我"有三种表现形式，即真实的自我（是每个人生长和发展的根源性力量，这种力量推动个体更好地挖掘自身的潜质）、理想的自我（个体的目标追求，希望自己成为什么样的人）、现实的自我（个体当前的现状）。① 霍妮的人格动力结构模式，弥补了弗洛伊德的人格动力结构模式的弊病（泛性论，仅从性欲的满足与不满足去寻找精神疾病的原因等），而从理想和现实的角度探讨了人格的动力结构，扩大了认识人类行为的新视野，从其他角度解释了人的行为产生的原因。但是，霍妮的真实的自我、理想的自我、现实的自我的人格结构模式，虽然在某些情况下能够解释人的行为和产生精神疾病的原因，但是，还不能解释所有行为现象，还没有达到科学在其对象范围内所必须具有的普遍有效性的要求。

对于人格动力研究，国内学者陈秉公先生认为："在一定的环境影响下，'人格需要力量'与'人格判断力量'相结合才能产生人格的动机与行为。这种人格动力结构包括三个要素：环境刺激、人格和人格行为。其中，环境刺激包括影响主体人格生成的现实自然环境和社会环境；人格包括人格需要和人格判断两个相互联结、相互作用的部分。在

---

① Homey, K., *Neurosis and Human Growth*, New York: Norton, 1950, p. 158.

人格需要的各层级中，对于某一个具体行为产生重要影响的往往是其中的一两个临时性的优势需要。人格判断中的各种人格力量共同发挥作用，决定人行为的方向、方式和强度；环境刺激，人格需要和人格判断相互作用产生人格动机和行为。人格行为产生有三种情况：经人格需要所发动的人格行为；经人格判断所发动的人格行为；经人格需要发动但经人格判断否定的人格行为。"①

就主体性人格的动力结构进行分析，其中，主体性人格动力产生的外部条件是环境因素的影响，主体性人格动力的生成需要动机因子的产生与主体人格的判断因子的产生，从而主体性人格通过人格行为的外显表现出来，这种动力过程需要重复多次地反映与体现，才能逐步形成相对固定的思维习惯与行为方式，也即人格特质的产生，人格特质的真正形成还需要在多种场景中主体人格特质都能习惯性地加以表现方可。一般来讲，人格特质的发展有两种趋势：一种是不断地强化原有的人格结构，使其强化结构不断升华而更加符合社会的需要；一种是遭受挫折，主要是由于人格需要不满足或压抑，引起心理失调和人格障碍。

人格主体性在思想矫正过程中表现为服刑人员个人意志的自我选择，它以两种方式加以体现：其一是在特定的环境影响下，服刑人员根据主体人格的判断和自我内在需要的程度，为服刑人员行为动机的产生提供原动力，因此，内在需要是服刑人员行为动机产生的前提，自我判断则决定服刑人员行为动机是否产生；其二，当动机产生之后，还需要有足够的动力支持方能使具体行为表现得更为持久，动力支持的产生则要靠预期目标实现程度的大小以及服刑人员对目标倾向性的强烈感如何来决定。这两种要素需要共同促进、相互配合才能最大程度推进服刑人员行为实践的实现。

人格的生成和发展理论为服刑人员特殊人格的分析与培养提供了理论方面的支持，因此借鉴相关理论，为塑造服刑人员积极向上的健全人格，矫正教育工作者需要从以下几个方面着手相关工作：第一，在矫正教育过程中注重对服刑人员进行政治层面需要的激发，使其产生出良好的动机和行为，引导服刑人员在今后复归社会之时树立明确的目标和正

---

① 陈秉公：《思想政治教育学原理》，高等教育出版社 2006 年版，第 200—227 页。

确的价值选择。第二，由于需要的产生为行为的发生提供了原动力，而人格需要有时会产生不合理的需要。因此，在矫正教育过程中还应重视对服刑人员自身判断力的提高，这就要求矫正教育工作者需注重为服刑人员营造积极向上的服刑环境，以及注重提高服刑人员知识水平层次，通过隐性教育与显性教育相结合来促进服刑人员人格判断力的全面提高。第三，重视对服刑人员进行心理健康的引导，健全服刑人员心理防御机制，树立健康阳光的心态，从而避免不良的心理状态导致服刑人员处世消极甚至再犯罪。第四，针对人格动力不足的问题，亦应适当提高服刑人员的思想政治意识，矫正教育工作者应站在社会发展需要的高度，从方法、手段等层面不断加以创造，适当提高并体现服刑人员个人的价值目标，调动服刑人员积极改造的能动性。第五，针对人格本身存在着善与恶、坚强与脆弱的矛盾运动的二重性特征，在矫正教育工作中应尽力避免两极分化，努力形成一个统一的、适合于社会发展需要的主体性人格特质倾向，不断引导服刑人员的主体性人格趋于完善。

四　社会激励理论

激励是指组织通过设计适当的外部奖酬形式和工作环境，以一定的行为规范和激励性措施，借助信息沟通来激发、引导、保持和归化组织成员的行为，以有效地实现组织及其成员个人目标的系统性活动。这种采用某种有效的措施或手段调动人的积极性的过程，被认为是"最伟大的管理原理"。人的行为是由某种动机引起的，动机是人的一种精神状态，对人的行动起激发、推动、加强的作用，这种作用就是激励功能的体现。人类有目的的行为都是出于对某种需要的追求，未得到满足的需要是产生激励的起点，进而导致某种行为，一旦需要得到满足，之后便发生对新需要的追求。服刑人员在改造过程中，应充分发挥激励的功能，根据人的行为规律来提高服刑人员改造的积极性。

激励理论是建立在对人的运动规律的认识基础之上的。人的运动形式主要分为两大类，即生命运动和思维运动。生命运动包括人体的、物理的、化学的、生物的等活动形式。思维运动包括思维、实践、知识、技能等活动形式。人的生命运动是思维运动的基础，思维运动反过来又可以指导、改变、反馈人的生命运动。思维运动的变化可以影响或改变人的生命运动。激励理论正是通过影响人的思维运动、满足人们的不同需要来提高人们的积极性，激励理论大多是围绕着人的需要进行的。人的各种行为都来源于内心的某种动机，动机又产生于人本身存在的需要。人们一旦有了需要，为了实现这种需要就会采取一定的行动，进而满足需要，又在此基础上产生新的需要，引发新的目标行为。需要、动机和目标是激励理论的三个环节，这三个环节彼此独立，相互依存，构成了一个完整的激励过程。如图1所示。

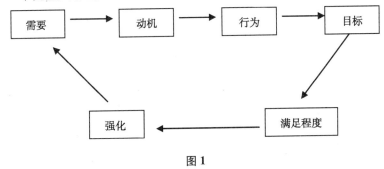

图1

当代一些心理学家对人的需要进行了研究，希望能从需要的角度研究人们的行为激励。这方面研究较突出的是美国心理学家马斯洛，他的"需要层次理论"认为人是有需要的动物，正是人的需要推动人类的进步。已经满足的需要不再起到激励的作用，没有满足的需要才能影响人的行为，才能产生激励作用。在这个意义上说，人的需要是有层次的，只有满足低层次的需要后，人们才会去追求更高层次的需要。但在特定情况下，人们的需要也会突破层次的限制，当前最迫切的需要往往成为最主要的需要，其他需要要为这个第一位的需要让路。

马斯洛将人的需要按照层次高低分为：生理需要、安全需要、社交需要、尊重需要和自我实现的需要。[①]

生理需要是最底层的需要。任何动物都有这种需要，但人的需要又有不同于其他动物的地方，人们为了生存，必须满足基本的生活需要，如人要吃饱、穿暖、有住的地方等。这是人的最基本的需要，人类的这些生理需要得不到满足，就无法生存。只有生理需要有了保障，人们才

---

① 　［美］马斯洛：《马斯洛人本哲学》，成明编译，九州出版社2003年版，第52页。

会追求更高层次的需要，即所谓"仓廪实而知礼节，衣食足而知荣辱"。

基本生活条件满足以后，生理需要不再是推动人们工作的最强烈力量，而是安全的需要。安全需要主要包括两个方面，一是对现在安全的需要，二是对未来安全的需要。现在的安全需要，就是要求自己现在的社会生活的各个方面均有所保证，如就业安全、劳动安全、人身安全等。未来的安全需要主要是对将来安全的担忧，如将来的生活保障、失业后的生活来源等。

人是社会中的人，和他人一起构成社会，任何人都是社会动物，不可能孤立于其他人而生活，人是社会关系的总和。人们常希望在一种被接受或有归属的情况下工作，也就是说，人们希望在社会生活中受到别人的注意、接纳、关心和同情，在情感上也有所归属，属于某一个群体，而不希望在社会中成为离群的孤独个体。人们的这种需要往往能够在非正式组织中得到满足。社交需要比生理需要、安全需要要求更高，但这种需要因人而异。每个人的性格、经历、文化水平不同，社交需要也不同。

尊重的需要也是一种心理需要，包括自尊和受到别人的尊重，自尊是指自己取得成功时有自豪感。受别人尊重，是当自己做出贡献时，能够得到他人的认可。要得到别人的尊重，首先就应该有被别人尊重的条件。自己先要有自尊心，对工作有足够的自信心。自尊心是驱使人们奋发向上的推动力。当人们获得成功的时候，总是希望自己的重要性得到同事领导的认可，希望自己获得的成就得到较高的评价。如晋升、领导的表扬和奖励都能满足自尊的需要。

按照马斯洛的需要层次理论，自我实现的需要是最高层次的需要。这种需要希望工作上有所成就，在事业上有所建树，实现自己的理想或抱负。有人认为这种需要只存在于那些事业心极强的科学家身上，事实上，自我实现的需要几乎在每个人身上都有不同程度的表现，每个人都想最大限度地发挥自己的才能，实现自己的理想和抱负。自我实现的需要主要有两个方面，一是胜任感方面，二是成就感方面。

经过研究，马斯洛还认为人的需要具有多样性、层次性、潜在性和可变性的特点。第一，人的需要具有多样性。一个人在不同时期可以有多种不同的需要，即使在同一时期，也有可能存在着程度不同、作用不同的需要。不同的人对各种需要的认知和感知不同。第二，人的需要具有层次性。支配人们行为的需要是由低级到高级发展的，当一个低层次的需要满足后就会产生高层次的需要。虽然人的需要从低级到高级变化，而决定人的行为又是人们迫切的需要，但在一定时期，只有那些表现最强烈、感觉最迫切的需要，才能引发人们的动机，影响人们的行为。第三，人的需要具有潜在性。人们一生中可能存在多种需要，但这些需要并非随时被主体所感知、所认识，有许多需要是以潜在的形式存在着。只有到了一定时刻，或满足了一定的条件，潜在的需要才会变成现实的需要。第四，人的需要具有可变性。需要的层次性和需要的迫切性是可以改变的。虽然人的需要有多种特点，但在各种需要中，只有占主导地位的需要才能支配人的行为。

马斯洛的激励理论是从一般的角度而言的，但每个服刑人员都有自己的个性，他们的需求、个性、期望、目标等因素各不相同。因而，运用激励理论指导服刑人员矫正时，必须针对不同特点采取不同的方法。比如，对于表现突出的服刑人员，可以进行口头表扬或物质激励，或者采取减刑的方式，激励服刑人员积极改造。对于有技术的服刑人员，可以让其进行技术改造工作，满足其自我实现的需要，鼓励服刑人员积极改造。

五　亚文化理论

亚文化（subculture）是指为社会上一部分成员所接受的或为某一社会群体所特有的文化，它通过特定的方式对主文化进行挑战，从而建立自己认同的一种特殊文化方式，它也往往和边缘文化以及弱势群体对主文化和权力的抵抗等有着一定的关联。这一理论的主要代表人物是美国的艾伯特·科恩、理查德·克罗沃德、劳埃德·奥林、埃德温·萨瑟兰等人。

有关亚文化的理论认为，在西方的一些社会底层群体中，不同程度地存在着亚文化群。构成亚文化群的成员多数社会地位比较低，往往受到其他社会成员的歧视和排挤。因此，基于相同的社会遭遇和类似价值观的吸引，一些成员便集中在一起，为了寻求相互之间的支持、理解及其他生存与精神层面的需要，形成了他们认为有价值的社交群体，即亚文化群，此类亚文化群所体现的价值会不同甚至有悖于社会主流价值观。组成亚文化群的成员们在这个群体中使自己的行为和思想得到了不同程度的发挥与满足，这其中也包括一些从事犯罪行为的犯罪团体。①

美国著名社会学家和犯罪学家萨瑟兰对越轨行为与犯罪的亚文化群理论的发展做出了贡献。虽然他没有使用犯罪亚文化群这一名词，但是他发现了职业化越轨行为体系（亚文化群）的存在，大体上以与非越轨亚文化群相同的方式在发挥作用。

继萨瑟兰之后，一些学者对亚文化群展开了研究，分析这些研究成果，可以看出亚文化群是整个社会群体的一个组成部分，他们的群体观念部分不同于社会主流价值观而非全部，因此，社会的法律、法规在一定程度上制约和影响着他们的行为。与主流社会群体不同的是，亚文化群体有着属于自己的行为规范和准则，其成员遵循着此种规范和准则行为时难免会与主体文化及思想相背离。因此，对于团伙犯罪、集团犯罪可以根据亚文化群体的相关理论分析，即社会之中的某些群体可能存在不同的，有时甚至是与社会主流价值相互冲突的价值观念，当社会的一个权威组成部分制定了适用于任何人的规范或准则时，其他与这些准则或规范相异的组成部分（包括亚文化群）就会被贴上越轨者的标签，如一些犯罪亚文化群体有坐享其成、一夜暴富、金钱至上的观念，就产生了与主流价值观的背离。

在对亚文化理论不断研究的过程中发现，亚文化群体有合法与非法之分，群体成员中的犯罪行为与其他越轨行为性质不同，因此需要不同种类的解释。例如对为什么接触越轨亚文化群的人中只有一部分人加入了越轨行列的现象，亚文化理论可能就不能加以有力阐述。亚文化群理论只是其中的一种解释，它并不能完整说明越轨行为的全部原因。但是，它对于我们认识、解释监所高墙内的服刑人员亚文化，消除其负面的破坏性影响，提升服刑人员思想矫正的效果具有重要意义。

服刑人员群体亚文化给犯罪人交叉感染提供了环境条件。由于服刑人员在监狱内服刑，监狱按照一定的类别关押服刑人员，关押在一起的

---

① 吴宗宪：《犯罪亚文化理论概述》，《比较法研究》1989 年第 3—4 辑。

服刑人员长时间住在一个地方，很容易形成非正式组织，也就是服刑人员亚文化群体。服刑人员在行刑过程中，不同身份、年龄、犯罪经历与反社会意识的服刑人员在一起接受劳动改造。监狱的封闭性，加之这些服刑人员被长时间关押在一个地方，给服刑人员之间交叉感染提供了环境条件。在服刑场所内，老犯、新犯互相影响，累犯、惯犯与初犯、偶犯互相交流，成年犯对未成年犯言传身教，犯罪手段、犯罪伎俩得以很快的传播，以致监狱服刑场所犹如学习犯罪伎俩、交流犯罪经验的"学校"。由于在同一个地方接受矫正改造，服刑人员还可能在刑罚执行期间策划或预谋新的犯罪，结成犯罪团伙等。此外，服刑人员之间还可能存在不良思想的潜移默化的影响与恶习的感染。

　　服刑人员群体亚文化可以塑造变态人格，不利于矫正和改造。当前，刑罚执行场所对服刑人员管束严格，他们的行动自由受到限制，而且言行举止也受到法律、监狱管理制度的约束，在狱中还受"牢头狱霸"的"统治"。长此以往，服刑人员身心受到严重压抑，性格也会发生变化，往往形成盲目服从、言听计从、独立性不足、缺乏自尊心与自信心等变态人格，出狱后不能像正常人一样生活。由于长时间处于封闭的环境中，长期与世隔绝，服刑人员很少了解外面的世界，不和社会接触，加之精神生活空虚寂寞，他们的精神处于极度压抑的状态，将会导致种种心理变态与人格缺陷。和社会上正常人的生活相比，服刑人员在监狱中劳动改造，生活环境恶劣，为了吃饱或拥有较好的生活条件，群体之间会发生争斗。另外，人格缺陷、人性扭曲的服刑人员同居一处，他们之间也容易交叉感染，导致更大的心理问题。这些因素无疑会影响服刑人员的改造和矫正效果。

　　主流文化的灌输会对服刑人员的思想和行为产生重要的影响。没有主流价值文化的引导，难以促成服刑人员形成新的符合社会要求的价值取向，犯罪亚文化将毫无悬念地充斥服刑人员的思想阵地，这样，监狱就有可能成为传授犯罪方法的"课堂"，成为积累社会仇恨、图谋报复社会的"温床"。对服刑人员重新社会化，将因为教育改造成果被亚文化的消极影响所抵消，而影响思想矫正效果。因此，在对服刑人员思想矫正的过程中，应注重对服刑人员文化背景的分析和培养，充分运用社会主流思想文化对服刑人员加以引导和教育。

第二章 服刑人员思想矫正之价值分析

服刑人员思想矫正工作的开展体现出多维性的价值，这些价值是在服刑人员矫正的实践认识活动中建立起来的，其着眼点就是在观念层面引导服刑人员向真、向善、向美，为与社会生活更好地融合打下坚实的思想基础。在此基础上，矫正工作者鼓励服刑人员积极参加社会实践，在实践锻炼中，培养、树立、运用正确的世界观、价值观和方法论去分析社会问题及自身面临的实际问题，自觉把正确的个体意识外化为良好的个人行为，从而形成稳定的行为习惯。

第一节 服刑人员思想矫正的个体价值

刑事政策的制定出于保护社会和改造罪犯的双重目的，即使是在惩罚罪犯的过程中，也必须同时将如何促使罪犯重新回归社会列为目标之一。注重服刑人员的思想矫正，可以使服刑人员转变观念，主动接受教育，让社会逐步改变对服刑人员的"标签"式看法，从而减少再犯罪的可能性，让社会变得更加公正、和谐。

一 服刑人员改造质量之提高价值

犯罪是一种社会现象，也是社会各种因素综合作用的产物，因此必须对服刑人员采取综合手段和措施进行改造。目前，对自由刑的执刑方式采取的是监狱封闭教育改造，形式单一，服刑人员长期在与社会隔离的环境中改造。这对于初犯、偶犯、过失犯、青少年犯等来说，可能会出现在较短的刑期内没有达到改造的目的，却受到其他同监的重刑犯服刑人员影响而变坏的意外结果，成为监狱亚文化特征明显的"监狱人"。① 现行的行刑方式虽然在行刑过程中采取了分别关押，但也不可能完全避免出现交叉感染现象。推行执刑社会化，采取思想矫正方式，通过为服刑人员提供思想教育、文化教育、心理疏导、行为矫正等措施，使其树立正确的世界观、人生观，协助其理性面对社会问题以及其他问题，注重回归社会前的职业教育和技能培训，提高服刑人员回归社会后的生存本领，为其重新走上社会创造条件，从而使其由"监狱人"向"社会人"的转变。

服刑人员通过监狱的劳动改造，更多的是为今后步入社会提供生存的能力和基础。虽然一些服刑人员进行了劳动改造，但由于没有较为坚定的理想和信念，在人生观、价值观的塑造方面没有加以正确地教育，思想层面很容易受到腐朽、堕落文化的影响，从而走向再犯罪的道路。因而传统的改造模式并没有从根源上对服刑人员加以思想矫正和教育，效率略显低下。因此，监狱管理人员应注重对服刑人员思想、心理层面的教育和矫正，不断创新矫正工作的方式方法，有效提高矫正质量，使服刑人员从内心真正意识到犯罪行为给社会及他人带来的负面影响及危害性，从而决心在回归社会后做有益于社会的人。在监狱绩效考核方面，应将刑满释放人员的再犯罪率作为重要考核标准，在制度层面保证矫正工作做到实处。思想矫正作为服刑人员改过自新的一种方法，通过矫正工作者开展的显性教育以及良好的环境营造的隐性教育，与劳动改造一起帮助服刑人员尽快转变。同时，对服刑人员进行思想矫正也是使其尽快再社会化、回归社会的过程，消除了服刑人员的逆反心理，增强了社会责任感和自我约束能力，提高了刑满释放人员适应社会的水平和能力。

二　服刑人员再犯罪率之降低价值

在当前道德规范、价值观念多元化的社会环境中，服刑人员受到多元文化的影响，思想观念、价值观也是多元化的。一方面我们在对服刑人员采取劳动改造的同时，更应该重视思想矫正工作。监狱及其工作人

---

① 余辉胜：《监狱行刑悖论及其对策思考》，《中国监狱》2002 年第 4 期。

员在服刑人员思想矫正过程中起着主导作用，直接影响服刑人员的矫正效果。因此他们必须转变观念，高度重视服刑人员的教育矫正工作，通过思想矫正使服刑人员接受正确的价值观念和思想体系，认同并遵守当前社会的道德规范，自觉抵制不良思想的影响和犯罪亚文化的侵袭，改造成为守法公民。思想矫正过程中，对服刑人员社会化的关键和核心，是矫正工作者通过对服刑人员的教育和疏导，使服刑人员将一定社会的思想观念、道德规范、价值意识等内化为其自己的思想观念、道德规范、价值意识，也就是实现社会思想观念、道德规范、价值意识的个体化过程。矫正教育工作者通过对服刑人员宣传主流的社会主义核心价值观，让服刑人员思想融入社会生活中，不脱离社会实践，使其能够紧跟社会发展，通过接触和了解社会生活中的正面典型事例，使得服刑人员与社会之间始终能够保持一种良好的互动关系，并意识到坚持和运用主流价值观进行生存和生活，不仅有利于自身今后的良好发展，更有利于推动社会的和谐发展，在体现个人价值的同时更体现个人对社会的价值，达到良好的矫正效果，减少重新违法犯罪。

对服刑人员开展思想矫正，可以更好地促进服刑人员思维模式的系统构建，促使其端正态度，树立正确的理想和信念。在思想矫正的过程中，开展传统美德、伦理道德、传统文化、社会主义价值观等内容的道德教育，可以更有效地降低服刑人员再犯罪率。一次失足的人或许是因为路上霓虹刺目，扰乱意念，使其偏离了正常的人生轨道。而两次或更多次的失足，很可能就是他已精神麻木，习惯了跌倒的感觉，内心接受了这种"生活"的形态。要减少重新犯罪就要从解决这部分服刑人员的思想问题入手，要让他们从这种畸形生活形态中走出来。所以，在进行劳动改造、法律知识和监规教育的同时，辅之以开展以传统道德思想为内容的教育，有助于服刑人员重新审视个人的人生观、价值观，重新树立个人理想、荣辱观，重新定义个人的人生目标，找到对"生活"的健康理解；从而使其顺利复归社会，做一个合法的公民。思想矫正可以使服刑人员接受主流正确的价值观，形成向上的生活态度，在刑满释放回归社会后，能够积极面对生活，遵守国家法律政策及社会公德，从而达到有效避免再犯罪的可能性。

三　服刑人员基本权利之尊重价值

人的基本权利是在当前文明社会中作为公民所应该享有的权利，其核心是人的生存权和发展权，具体表现为公民在社会生活中应当享有的政治权利、经济权利和文化权利等。政治权利、经济权利、文化权利互为条件、互相补充、不可分割、共同发展。各种权利之间相互影响，一项权利受到不利的影响，其他权利也会被削弱。在各项权利中，发展权是人基本权利的重要内容。人的发展从社会层面上看，是人类社会不断进步的标志；从个体发展层面看，是个人在社会中享有政治地位和行使法律权利的前提条件。人的基本权利是个人生存和发展的需要，个体的人要在社会中正常生活，就会产生各种各样的正当需要，而每一种正当的需要，就相应地要有人的权利的存在，去维持和满足这种需要。人的权利的实现需要多种因素，其中人的全面发展是实现生存权和发展权的重要条件。所以人的基本权利在个人的政治、经济、文化生活中起着重要的作用。

人的全面发展和人的基本权利息息相关，社会应为每一个社会成员提供良好的发展条件和平等的发展机会。服刑人员是社会成员中的特殊群体，应考虑服刑人员群体的特点而给予特殊的照顾，使他们享有更好的发展权利。"监狱也是所大学校"，随着我国监狱改革步伐的加快，制度不断完善，文化教育、道德教育、职业培训和行为矫正等活动的蓬勃开展，目前，我国相当大一部分服刑人员完成了扫盲和义务教育任务，100多万人获得了职业技术资格证书，大大提高了服刑人员回归社会、自主生活的能力。[1]

第二节　服刑人员思想矫正的社会价值

服刑人员作为社会中的特殊群体，必然具有这个群体区别于其他社会群体的特点，针对这个群体的特点开展思想矫正工作，并结合社会发

---

[1]　杜飞进、王比学、黄庆畅、白龙：《我国司法体制改革的实践与思考》，http://theory. people. com. cn/BIG5/n/2012/0928/c245417 - 19138312. html。

展的现实需求与社会制度系统构建、社会效益提升及社会和谐发展等因素，才能收到良好的矫正效果。

一 服刑人员思想矫正之社会实践价值

实践是人类社会生存的基本方式。人类社会要生存和繁衍，必须进行各种社会实践。根据实践对象的不同，人类的实践主要包括三类形式：第一类是生产劳动实践，主要是进行物质资料的生产，比如生产粮食，制作加工劳动工具等，这是最基本的实践方式；第二类是科学研究实践，主要是指探索人类未知的世界，揭示自然界、宇宙以及其他物质现象的内在本质，找到内在规律；第三类实践形式是处理社会关系的实践，包括处理各种各样的社会关系，比如同学关系、家庭关系、工作关系等，这种实践形式比较抽象和复杂。

服刑人员的思想矫正过程是人类社会的一种实践方式。作为思想矫正对象的服刑人员，由于受到社会一些不良因素的影响，导致人生观、价值观、性格等方面存在着缺陷，才走上了违法犯罪的道路。为了更好地改造服刑人员，让他们顺利回归社会，走上正常的生活道路，监狱的狱政干部、思想教育工作者和其他人员采取一定的方式对服刑人员进行教育，促进其思想改变，达到矫正的目的，进而促进服刑人员顺利回归社会，避免再次犯罪。从哲学的角度来看，对服刑人员进行思想矫正，是一种思想方面的精神实践活动，属于社会实践的一种形式。

服刑人员思想矫正实践活动主要是指，矫正主体用一定的思想道德规范和价值观念引导、教育服刑人员，使服刑人员形成符合社会要求的思想道德理念和价值观念的一种社会活动。虽然服刑人员的思想矫正是一种抽象的理论教育，但它却体现为一种实践性价值。作为主体的人的实践本质上是处理认识主体与外部客观世界的关系，特别是处理服刑人员的主观思想问题，使服刑人员的思想观念发生变化，改造他们的世界观和价值观，将服刑人员改造成正常的社会成员。从这个意义上讲，服刑人员思想矫正是一种具有创造性和特殊意义的社会实践活动。这种创造性的实践活动，主要通过思想矫正的实践活动来规范和调节服刑人员的行为，使他们的行为符合社会发展的需要。这种矫正过程需要实现两个转化：一是矫正者通过一定的思想矫正实践活动，把正确的思想观念、价值观等内化到服刑人员的头脑中，使之成为服刑人员内在的思想活动过程；二是服刑人员把已内化的思想、价值观念等外化为外部行为的过程，这种过程比较复杂，需要服刑人员内驱力的驱使。只有把这两个过程结合在一起，才能达到良好的矫正效果。

二　服刑人员思想矫正之社会价值观重塑价值

价值观是人们对自然、社会和人类思维在内的整个世界的根本看法和根本观点。人们总是处在一定的社会生活之中，总是从自身的角度去认识世界、了解世界，形成自己的根本观点和看法。人们的价值观总是受到社会生活各种因素，比如成长环境、工作环境、家庭背景、教育程度等因素的影响，最终形成具有个性的价值观体系。人的价值观一旦形成，价值观就会支配人们的思想和行为，就会用这种价值观去观察问题、分析问题和解决问题，价值将会影响人们的行为。价值观和人们的生活、言语和行为息息相关。

有的社会成员在不正确的价值观影响下，走上了犯罪道路。比如，个别社会成员在极端利己主义价值观的支配下，为了自己个人利益，不择手段侵害他人的利益，侵害社会公共利益，走上了犯罪道路。有的社会成员在资本主义腐化价值观的影响下，贪图享乐，盗窃、抢夺或抢劫他人财产，给社会带来了巨大危害。有的国家工作人员意志不坚定、价值观扭曲，在金钱面前抵挡不住诱惑，侵占国家财物、贪污受贿，造成极坏的社会影响。还有一些社会成员崇拜金钱至上，为了钱财，不惜坑蒙拐骗、敲诈勒索、杀人劫财，践踏法律。思想观念决定人们的行为，在错误的价值观驱使下，他们走上了犯罪道路，对社会和他人造成了严重后果，如果不对服刑人员错误的价值观进行改造，不仅会影响到服刑人员的改造态度、改造行为和改造质量，还会影响到服刑人员回归社会后是否再犯罪这样一个问题。价值观对服刑人员日后的行为具有重大的决定作用，正确的价值观念引领人们走上正确的道路，而错误的价值观念则会引导人们走上错误的犯罪道路。服刑人员拥有正确的价值观能正确选择改造的道路，正确地对待人与人之间的关系，也就能积极地去完成在监狱服刑期间应该做好的任务与应该尽到的义务。所以监狱必须采取思想政治教育的方法，改造其错误的价值观和人生观，引导服刑人员树立正确的价值观念，使其成为守法的社会主义建设者。

思想矫正改造服刑人员错误价值观主要有以下三个作用：第一，使服刑人员能够正确处理各种利益关系。通过思想教育、道德教育、生活教育和文化教育，帮助服刑人员正确处理个人利益与他人利益的关系。第二，规范服刑人员的行为。人们的行为受到思想制约，思想支配人们的行为，在正确的价值观支配下，人们下意识地知道"不能做什么""能做什么"，同时也知道"应该怎么做"和"可以怎么做"，约束和规范自己的行为，不再侵犯他人和社会的正当利益。第三，使服刑人员树立助人利他的正确价值观。通过"人人为我，我为人人"的思想，使服刑人员抛弃自私自利之心，真诚地去关心帮助他人，成为一个关心他人、热爱生活和守法的合格公民。

三　服刑人员思想矫正之刑罚执行制度建构价值

健全的监狱制度是现代监狱文明的基石，这一论断不仅为人类社会监狱的历史发展所证明，而且也越来越成为人们的共识。我国监狱工作方针是"惩罚与改造相结合，以改造人为宗旨"，在这一方针指导下，制定了相应的行刑制度。"惩罚与改造"中的"改造"就是要求刑罚执行机关在准确执行刑罚的基础上，通过监狱管理活动如教育改造、劳动改造、思想矫正等手段，转化服刑人员思想，矫正其恶习，培养其适应社会生活的能力。

当前，我国服刑人员改造效果有待于进一步提高。究其原因，主要有以下几点：一是受到了传统法律文化和社会现实条件等因素的影响。我国传统上采取重刑主义，对犯罪分子实施报复性的刑罚，不重视对服刑人员进行思想教育和文化教育。当前我国法治化水平还不是很高，刑罚执行制度作为社会整体法治化中的一个子系统，必然受到整个社会法治化水平的制约。二是社会公众，甚至包括监狱干警等工作人员对监狱作用认识的局限性，使他们认为监狱仅仅是关押服刑人员的一个羁押场所，忽视了监狱对服刑人员思想矫正的重要作用。三是我国正处于社会转型期，社会的稳定和经济的发展成为政府和民众关注的焦点。而监狱作为刑罚的执行机关，认为在对服刑人员进行改造的过程中，只要他们不逃脱，服刑期内不影响现实社会稳定即可，而监狱加强对服刑人员进行思想矫正，已经不是政府迫切需要解决的问题。监狱对服刑人员进行改造和思想矫正，基本上是在有限的条件下实施的。因此，需加强在刑罚执行过程中对服刑人员进行的思想矫正，使服刑人员在接受刑罚的同时，也采取思想矫正的措施，改变他们的思想和习惯，使其刑满释放后能够适应社会生活，成为守法公民。

对服刑人员进行矫正具有两个职能：一方面对服刑人员进行思想矫正，使服刑人员根除恶习，去恶从善，这是再社会化职能；另一方面促使服刑人员适应社会的发展，特别是随着社会的不断发展变化，他们要紧跟社会发展步伐，不断学习、不断进步，这是社会化的职能。在技术水平较低的社会，由于社会发展速度缓慢，人们只需进行一次社会化，就能够在社会中生存，即使将人们与社会隔离一段时间，以后也会很快适应社会，对生活和生存的影响也不大。而在当前技术突飞猛进的现代社会，由于社会发展速度加快，社会生活的变化频繁，一次社会化已不能使社会成员适应社会发展，社会成员要不断适应社会变化，不断进行社会化，才能跟上社会发展的节奏。

我国几十年来的监狱行刑模式，基本上走的是一条把服刑人员关押起来脱离社会进行改造的路子。从外观上看，我国监狱都是高墙电网、戒备森严，与社会高度隔离，给人一种威严、压抑而又神秘的感觉；从监狱内部的管理来看，我国的监狱还保守于传统的模式，始终将监狱内部的封闭和稳定置于首选的位置，将"收得下，跑不了"作为管教工作的首要目标。从总体上看，监狱在教育方式上，仍沿用几十年的集体大课教育、队前讲话教育方式，不仅用行政手段简单推行教育内容，忽视了教育规律，而且还忽视了有针对性的个别指导，使教育成了内容空洞的政治说教。另外，在职能教育和能力教育上，还存在不能与社会及时接轨的问题。这种延续了几十年的传统矫正方式，已不能适应现代社会日新月异的要求，其产生和施加的效果既不利于服刑人员回归社会，也难以达到转变服刑人员思想的目的。注重服刑人员的思想矫正，不仅会使得服刑人员的人格得到尊重，使服刑人员主动参与和配合，这是进行矫正活动的必要前提和条件，也可以减少服刑人员重复犯罪的概率，从这个意义上说，对服刑人员进行思想矫正，丰富和完善了我国刑罚执行制度。

四　服刑人员思想矫正之执刑效益价值

行刑效益，从经济学的角度来讲，是指针对服刑人员以最小的投入来获得最大社会利益。具体来说，就是通过对服刑人员进行思想教育和劳动改造，最大可能地在法定刑期内使其转化为守法公民。自从经济学分析方法被引入社会科学研究领域之后，其成为当今理论研究中较为重要的研究方法之一，执刑效益正是这一理论研究方法的重要体现。从执刑效益的角度来讲，通过对服刑人员进行思想矫正，可以从思想改造层面有效地对服刑人员进行矫正教育，使其对自己所犯的违法行为进行悔悟和改正，从而降低了传统监狱改造的副作用，也有利于将服刑人员早日改造成功，使其重返社会。此外，对犯罪情节轻微的服刑人员，司法机关将对其的刑罚措施置于社会中执行，通过社会这一广阔而又丰富的大环境对服刑人员进行矫正，较有力地节约了刑罚执行机构特别是监狱的人力、财力和物力成本，使得监狱也可以集中力量去矫正那些在特定监禁条件下才能改造好的服刑人员。充分利用社会这个大舞台对那些不需要监禁的服刑人员开展社区矫正，可以预防严重犯罪的服刑人员与轻微犯法的服刑人员的交叉感染，比如传授犯罪技巧，从而提高服刑人员的矫正质量和劳动改造的效果。社区矫正还有利于合理地配置执刑资源，节省执刑的成本，实现矫正效果和效益最大化。

每一个国家执行刑罚都需要警察、监狱等人员和设施，意即刑罚的执行需要国家财政支付一定的费用，刑罚执行费用的高低，不仅取决于实现刑罚目的的实际需要，而且还受制于国家财政支付能力。目前在一些国家，由于矫正费用高昂，致使有限的监狱经费入不敷出，包袱越背越重，远远不能满足监狱建设和发展的正常需要。如英国监狱 2002 年的经费预算为 20 亿英镑，平均每个服刑人员 2.77 万英镑；西班牙监狱2002 年的预算为 7 亿英镑，平均每个服刑人员 1.38 万英镑。① 另据一份研究数据表明，西方国家的监狱费用逐年上升（见表 1 国外代表性国

---

① 王戎生、孟宪军：《英国西班牙监狱考察报告》，http：//www. legaldaily. com. cn/misc/2005 – 05/28/content_ 145000. htm。

家行刑方式成本对比）。① 由于监狱执刑费用过高，迫使监狱偏离自身
的性质而过度地追求创收。监狱等服刑场所以劳动方式改造服刑人员，
同时劳动也能给监狱创造一定的经济效益，因此，有些监狱甚至把服刑
人员劳动视为唯一的矫正工作，降低了服刑人员的改造质量。

表1　　　　　　　　　　国外代表性国家行刑方式成本对比

国家	行刑成本（人/年）		两种行刑方式成本比较（倍）
	监禁刑	非监禁刑	
美 国	1.5万—2.5万（美元）	500—3000（美元）	8.3—30
英 国	7000（英镑）	5000（英镑）	1.4
加拿大	66381（加元/男）110473（加元/女）	16800（加元）	5.26
澳大利亚	49491（澳元）	1690（澳元）	29.28

　　目前，我国共有监狱678所，在押服刑人员165万多人，2010年刑
满释放39万多人，新收押40万多人，监禁率为1.2‰。② 无疑，对于
轻微犯罪的服刑人员将其置于社会活动中进行刑罚的执行和思想矫正，
是比较现实有效的缓解监狱压力的方法。同时，让服刑人员在熟悉的社
会环境中进行思想矫正，将更有利于其适应社会，回归社会。
　　由于我国犯罪人数比以前有较大的增长，一些监狱的服刑人员人数
在以较快的速度增长，但监狱的人员配备、物质条件、文化设施等方面
的条件，满足不了服刑人员的需要，这可能使得服刑人员的思想和心理
都受到不利的影响，从而影响服刑人员的改造质量，导致他们的再犯罪
率和累犯率高。国外相关资料的研究表明，为提高服刑人员刑罚的执行
效益，对服刑人员采用执刑社会化，重视服刑人员思想矫正，是最经济
的执刑方法。
　　执刑社会化是当今世界行刑制度发展的趋势，甚至也是衡量一个国
家先进和文明程度的重要标志。执刑社会化主要包括三个方面的社会
化：一是狱内环境模拟社会化，即在狱内模拟社会环境，允许罪犯看电

---

① Satyanshu Mukherjee & Adam Graycar, *Crime and Justice in Developed Countries*, 2nd., Annandale, NSW: Hawkins Press, 1997, p. 97.

② 郝赤勇：《我国司法行政制度及其改革发展》，《法制日报》2011年8月13日。

视，听收音机，进行职业训练等。二是执刑制度社会化，比如周末监禁制度，即服刑人员只在周末在监狱内服刑，以减少服刑人员的监禁时间，使其与社会保持密切联系，易于回归社会。再如归假制度，对于表现良好或有突出贡献的服刑人员，给予一定的假期，让其回家的制度。将符合条件的服刑人员置于社会中进行思想矫正，也有利于解决服刑人员的经济困难问题。三是行刑力量社会化，即动员全社会的力量，让社会人员共同参与到服刑人员的改造过程中来。

此外，对于犯罪情节轻微的服刑人员，更可以社会化矫正。在服刑人员矫正过程中，由于监狱的物质条件和改造条件有限，服刑人员在狱中从矫正人员、矫正工作者那里学到的劳动技能非常有限，往往不能适应社会发展的需要。而且，由于服刑人员在封闭的高墙内生活，与外部社会长时间隔离，对社会发展变化很少了解，出狱后适应社会的能力较差。同时，长期在监狱封闭的环境中生活，他们的思想状况也会发生某些微妙的变化，思想的变化对其本人出狱后的家庭生活和社会生活，都可能产生深远的负面影响。因此，将犯罪情节轻微的服刑人员置于社会大环境中执行刑罚、进行思想矫正，一方面减轻了监狱执行的费用和负担，减少了对服刑人员人身自由的限制，另一方面也能使其尽可能多地融入社会，有利于顺利回归社会，使其再社会化，而不是反社会化。通过社会领域丰富且有效的思想矫正，可以使服刑人员学到有用的知识，培养劳动技能，打好生活基础，从而达到人性的复归，增强家庭责任感和社会责任感。

五　服刑人员思想矫正之社会和谐功能价值

维持社会稳定、促进人的全面发展是构建和谐社会的重要前提和任务。维护和实现社会公平正义，必须对一切犯罪分子依法实施惩罚。社会转型时期滋生和诱发犯罪的因素大量增加的严峻态势，决定了我们必须坚持依法严厉打击严重刑事犯罪活动的方针。但是，仅靠打击和惩罚犯罪难以构建社会主义和谐社会。根据思想政治教育学的相关理论，对触犯法律的越轨者依法执行刑罚，采取强制性的监管改造措施，实质上是通过此种手段，促进服刑人员思想政治素质的内化，使得个人真正接受社会和谐发展所要求的思想、观念、规范，并将其纳入自己的态度体系，变为自己意识体系的有机组成部分，成为支配、控制自己思想、情感、行为的内在力量的过程。

从法律上来说，服刑人员思想政治素质的内化过程，是以刑期开始为开端的。但是，正如人们犯罪，一般有一个从量变到质变的过程，服刑人员思想政治素质的内化也有一个渐进的过程。这一过程往往是长期、复杂和艰巨的。就在押的服刑人员而言，以前的犯罪生涯决定了其思想政治素质落后甚至有悖于社会主流意识形态，因此，在服刑改造中还需要进一步进行个人思想政治素质的内化，让其重新学习社会规范，掌握知识和技能，以弥补原来思想政治素质低下的缺陷。其中特别需要根据服刑人员个人的情况，合理组织劳动、理论学习及接受社会生活的实践与体验。如果不注重服刑人员的思想层面的改造，加大服刑人员接触社会的力度，势必会使服刑人员长期隔离于社会的监管环境中，其素质得不到明显改变和提高，从而在刑满释放回归社会后在生活、就业竞争上处于劣势。这种情况下不仅增大了服刑人员重返社会后的生存难度，而且会使服刑人员产生被社会和周围其他人排斥、淘汰的感觉，从而"破罐子破摔"，导致重新犯罪，陷入监狱—社会—监狱恶性循环的怪圈。

《中共中央关于加强党的执政能力建设的决定》指出："形成全体人民各尽其能、各得其所而又和谐相处的社会，是巩固党执政的社会基础、实现党执政的历史任务的必然要求。"社会主义社会的发展进步，最终都应体现和落实在每个社会成员（包括服刑人员、刑满释放人员）的发展和完善上。只有不断给予每个社会成员尤其是弱势群体以应有的关怀，社会自身才能不断发展进步，趋于和谐。努力追求并实现人与人之间的和谐、个人与社会的和谐以及不同人群的和谐，才能化消极因素为积极因素。而对服刑人员思想矫正则要通过他律与自律的结合，着眼于服刑人员素质的改变和提高，化消极因素为积极因素，促进和谐社会的建设。

第三章　服刑人员思想矫正之过程原理

服刑人员思想矫正是多因素相互作用、相互影响的动态变化过程。从矫正工作者的矫正教育到服刑人员的接受改造，从服刑人员被动接受到主动转化，每个方面都体现出这一过程具有动态性、发展性、连续性的特点。分析和研究服刑人员思想矫正过程的特点和内在规律，把握服刑人员思想矫正过程的要素、机理、环节，对于推动和开展思想矫正工作具有重要的作用。

第一节　服刑人员思想矫正过程之一般原理

一　服刑人员思想矫正过程的定义

服刑人员思想矫正过程是以传播正确的人生观、价值观为理念，在符合社会发展的时代前提下，根据一定的矫正要求，对服刑人员施加有目的、有计划、有组织的教育影响，促进服刑人员转变思想观念的一种矫正活动，这种活动是一种以转变服刑人员的道德观念，形成社会所期望的健康思想观念和道德要求的过程。矫正过程的实质，是把一定社会的思想观念、价值信仰、道德规范内化为服刑人员个体的思想观念的渐进过程。

服刑人员思想矫正过程包含以下几个方面内容。

（1）服刑人员思想矫正过程是思想矫正活动的展开、运行、发展的动态流程。活动是思想矫正过程的基础，思想矫正过程可以看作由矫正活动单独或共同构成的渐进过程。

（2）思想矫正过程是一种有目的的活动过程。它是根据一定的社会要求和服刑人员精神世界发展的需求及其思想实际所确定的思想矫正目标而组织起来的。思想矫正过程就是矫正工作者和服刑人员借助一定的教育手段、方式进行互动，实现思想矫正目标的过程，也就是通过教育，使服刑人员在思想矫正行为规范上逐步达到社会要求的过程。

（3）服刑人员思想矫正过程是矫正工作者和服刑人员共同参与、相互作用的过程。矫正工作者和服刑人员是矫正过程的两个主要因素，无论离开了哪一个方面，矫正过程都不能成为完整的过程。在服刑人员思想矫正过程中，应特别重视矫正工作者的组织、引导、教育行为，与服刑人员能动的认识、体验和践行过程相结合，使之成为内在的统一过程。

二　服刑人员思想矫正是一种社会复归过程

社会复归是对服刑人员执行刑罚或通过执行刑罚予以矫正和治疗，消除服刑人员犯罪的思想根源或犯罪倾向，使其重返社会，作为正常人与他人一样正常地进行社会生活，成为守法公民。对服刑人员进行思想矫正的过程是一种社会复归的过程。社会成员犯罪后，被送进监狱服刑，经过监狱的劳动改造，服满法律规定的刑期后，将会重新走上社会。然而，服刑人员在监狱或在其他矫正场所改造的效果如何，需要根据服刑人员重新回归社会后，是否再走上犯罪道路，以及再犯罪的比例等改造效果来进行检验。从西方国家服刑人员回归社会再犯罪的统计情况看，情况不是很理想，监狱改造服刑人员的现实效果与人们对服刑人员的期望有着较大的差距。"西方国家30%—40%的累犯比例证明，监狱，这一与犯罪做斗争的主要工具反而成了重新犯罪的学校。"① 针对服刑人员改造效果较差的这一现状，19世纪下半叶和20世纪上半叶，西方国家一些研究人员提出了复归理论。复归理论认为，所有服刑人员进行科学的矫正后都是可以复归的。监狱是对服刑人员进行矫正的场所，而不是一个惩罚服刑人员、剥夺服刑人员合法权益的场所。

复归理论重视服刑人员思想矫正，它考虑了影响服刑人员犯罪的环

---

① 马克昌主编：《近代西方刑法学说史略》，中国检察出版社1996年版，第324页。

境以及其他因素，认为犯罪是社会诸多因素综合作用的产物，通过分析犯罪的各种因素，采取科学合理的矫正方法，可以使服刑人员顺利地回归社会，做一个合法的社会公民。服刑人员通过在监狱或社区执行刑罚，在思想和行为方面得到改造并重新做人。这种回归社会的方式，也就是社会学家说的再社会化的过程。这种社会化多属于强制性的再社会化，因为此类强制社会化的群体往往是那些有越轨行为，危害大多数人利益，并且给社会造成危害的人。对于这类特殊群体，必须采取强制的方式，通过特殊的机构（如监狱、教养所、社区等）运用科学的矫正方式使其改变原有的世界观、生活方式、行为方式，接受社会规定的符合大多数人利益的生活方式和行为方式，改造成为符合社会期待的新人。这种类型的再社会化与正常社会化有极大的不同，其特点是：第一，再社会化的对象是越轨者；第二，再社会化的手段与方式一般是强制性的；第三，再社会化往往是在特殊的场所，由特殊的机构（如监狱、劳教所、工读学校、社区）来施行。

三　服刑人员思想矫正的运行和环节

服刑人员的思想矫正过程是一个双向、动态发展的过程，从整体论的角度出发，通过多层次、多维性的研究，可以从宏观上把握服刑人员思想矫正活动，从而尽可能避免局部、片面的分析。因此，可以尝试通过整体论的视角，研究和剖析服刑人员思想教育过程的各个组成部分及其相互关系。从静态层面看，服刑人员思想矫正过程一般由以下三个静态要素组成。

其一，服刑人员思想矫正教育工作者。服刑人员思想矫正教育工作者是服刑人员思想矫正的实现者，也是服刑人员思想矫正过程的组织者和引导者，除进行监狱管理的狱警和其他司法工作人员之外，各地司法局、街道办等矫正机构的社区矫正工作者和志愿者，也可以加入挽救和矫正服刑人员的工作中。

其二，服刑人员思想矫正对象即服刑人员。在法院判决生效之后，服刑人员进入刑罚执行程序，根据服刑人员犯罪情节的严重程度不同，判处有期徒刑及以上监禁刑的服刑人员一般在监狱中行刑，由监狱及其他司法工作者对其进行监督和矫正；对判处假释、拘役、缓刑等非监禁刑的服刑人员，在司法行政机关的监督和领导下，由社区矫正工作人员和志愿者组成的矫正机构，对其进行思想层面和劳动技能等方面的教育和培训。

其三，介质传递控制过程。思想矫正工作者向服刑人员通过介质传递信息并期望产生预期效果，需要通过教育控制过程，即思想矫正工作者对输入的教育信息进行认知、吸收、评价、筛选的选择过程。介质传递控制过程作为思想矫正工作连接矫正工作者和服刑人员的桥梁，对服刑人员思想矫正过程的有效进行发挥着重要作用。

通过以上分析，可以看出，这三个静态要素之间是相互关联、互相影响的，除此之外，由于服刑人员教育效果的产生还受到一定环境的影响，因此，社会环境也应该构成过程中的一个维度，与服刑人员思想矫正过程三个静态要素一起相互联系、相互作用，构成了作为动态要素的三个子体系。

第一，授教体系。基于人的社会属性，社会环境对人的心理和行为的变化产生着潜移默化的影响，这其中当然包括矫正工作者和服刑人员。在一定社会环境的影响下，矫正工作者首先对矫正教育信息进行预判并进行有选择的筛选，在进行主体评价后将信息通过授教形式输入服刑人员的系统，这一过程为授教系统。如图2所示，授教系统涵盖纵向和横向两种流程：纵向流程是社会环境分别对矫正教育者和服刑人员发生影响的过程；横向流程则体现了矫正教育者通过一定的授教方式对服刑人员进行影响的过程。两种流程的相互影响呈现出交叉立体的特点，而在这两个过程中，矫正教育工作者和服刑人员又会受到社会环境的影响，所以整个过程也体现出开放性的特点。

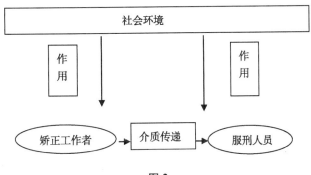

图2

　　第二，接受体系。所谓的接受体系，是矫正工作者通过一定的社会控制方法和程序，对服刑人员进行相应的授教后，服刑人员进行选择吸收、消化转化，并伴有服刑人员对施教进行自我评价、内反馈的系统。如图3所示接受系统中有三个环节：一是服刑人员根据自己的受教想法和愿望以及能够承受的受教程度，有选择地接受矫正（授教）信息并内化为自身人生观、价值观及道德自我认知的过程；二是服刑人员经过感知、移情、认同、实践等过程，实现自身对教育信息内化认知到外化实践的行为过程；三是服刑人员对自己相应行为做出一种自我评价，再由矫正工作者由此调整和控制服刑人员思想矫正工作发展方向的内反馈过程。

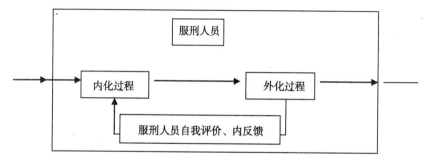

图3

　　第三，回馈体系。服刑人员思想矫正的最终体现（服刑人员思想矫正效果的最终体现），就是服刑人员回归社会之后，其行为表现通过社会和他人的反映及评价回馈给矫正工作者的体系，称为回馈体系。如图4所示。服刑人员能够最为直接地体现出矫正教育的效果，这种效果需要通过服刑人员回归社会的行为得到社会评价，矫正工作者通过相关途径获得社会及他人对复归社会的服刑人员之行为表现的回馈信息。

图4

　　综上，从静态层面分析，在服刑人员思想矫正教育过程中，服刑人员思想矫正工作者、服刑人员、介质传递三个静态因素在横向、纵向层面相融并存、不可或缺，同时又会受到社会环境的影响，从而与之产生密切关联；从动态层面分析，授教体系、接受体系、回馈体系三个体系有着先后发生的、紧凑衔接的时间顺序。因此，服刑人员思想矫正过程体现出空间上的密不可分与时间上的先后顺序。静态要素与动态体系相辅相成、互相作用于服刑人员思想矫正过程之中，使其得以顺利修正与发展。

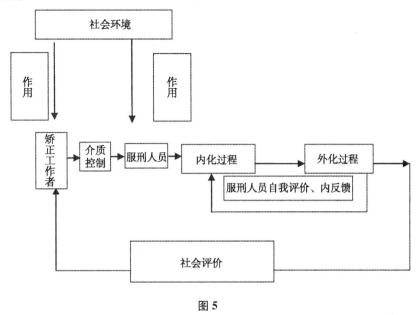

图5

第二节　服刑人员思想矫正之具体过程

服刑人员思想矫正的具体过程，是在服刑人员思想矫正一般原理之上的微观具体体现，表现为思想矫正过程中各环节、各系统之间的具体运行规律。对具体规律及运行过程的研究，可以更好地把握规律的变化，从而及时制订出兼具针对性、科学性的矫正方案，从而真正实现服刑人员转变思想观念、顺利回归社会的目标。

服刑人员思想矫正具体过程的特点体现在：第一，它是服刑人员思想矫正过程中矫正教育工作者、服刑人员、矫正内容、矫正目标等要素的总和；第二，服刑人员思想矫正具体过程的运行需要相关构成因子有序地协调，是各组成因子相互整合的体现；第三，服刑人员思想矫正具体过程在各静态因子的构成组合中呈现出动态变化的过程。

一　服刑人员思想矫正之接受过程

服刑人员的思想矫正是一项双向互动的实践活动，强调"接受"，是指服刑人员出于自身的内在需要，对矫正工作者利用各种形式、途径所传递的矫正教育信息通过自身的感知与辨别、认同与内化、外化与践行的一系列信息传递—认识过程。

（一）感知与辨别

矫正工作者在对服刑人员进行思想矫正的过程中，通过开设监狱讲堂、劳动实践等方式，让服刑人员感知到信息并充分运用其自身的视觉、听觉、感觉等感官系统，将矫正工作者等外界发出的教育信息发送至大脑，通过服刑人员自我意识进行复制、再现、筛选，找到与之相关或对应的观点进行匹配，这就是服刑人员对矫正教育信息的感知活动，它是服刑人员今后实施一定行为活动的前提条件。可以看出，服刑人员的感知活动是有目的、有选择地进行的，并非是无序、杂乱无章的。因此，对信息感知的过程通常也伴有对信息的辨别。对矫正教育信息的辨别是服刑人员根据主观价值标准或者社会客观标准，遵循一定的思维方式，做出采纳信息或是排斥信息的选择过程。在这个选择的过程中，如果矫正教育的信息与服刑人员的需求、观念以及价值取向相符时，作为主体的服刑人员便将信息与现实状况相联系，做出相应的辨别行为。

（二）认同与内化

当经过感知和辨别的相关信息进入服刑人员大脑中后，这些信息还需要与自有存储的信息进行比对，从而将各类信息进行协调整合。一般来讲，这种整合的过程会产生如下效果：第一，矫正教育信息与作为主体的服刑人员已形成的世界观、人生观、价值观相一致时，就会产生快速的整合，这就是认同产生的过程；第二，信息观点整合的正确与否，通常是以事物发展的客观规律以及社会的规章制度作为判断标准，而服刑人员对于思想矫正观点形成的正确与否需要在实践中才能加以体现、深化，这种对教育信息加以整合、认同、实践并深化（思想升华）的过程，又称为信息的内化过程。此外，对信息的整合除了分析其形成的过程外，还需要了解整合信息的观点是否具有持久性，因为一些建构或者重构的新观点并不牢固，这就需要矫正教育工作者注重观察服刑人员信息内化的效果与程度。

（三）外化与践行

对认识活动的反应和接受度来讲，服刑人员对矫正工作者的教育信息进行"内化"，便会形成自身的主体认识，整个接受过程就完成了。然而矫正教育的效果并不随着主体对教育信息的认同和执行而结束，其效果的真正体现需要服刑人员将内化于自身的矫正教育信息自觉、自主地以一定的社会行为加以外化和践行。就服刑人员的外化与践行来说，是指服刑人员将自身由内化而形成的矫正教育信息自主地转化为自己的行为，并养成相应的行为习惯。这一过程表现为三个层面：首先，践行动机的产生。服刑人员需将已辨别、认同、内化而成的教育信息外化为具有实践性、可操作性的行为动机；其次，在行为动机的影响下，服刑人员依据自有的储备信息，选择、表达合适的行为方式；最后，服刑人员通过自己选择的行为方式，在长期不断的实践过程中，逐步形成非刻意的、自觉的行为习惯，从而实现内化—外化的实质性转变，达到对服刑人员进行思想矫正，最终将其不符合社会主流意识形态的观念改变的目标追求。

矫正的内容需要通过服刑人员在实践过程中形成信念并自觉转化为自己的行为，才达到矫正所期望的目的。新疆某监狱在这方面取得了较好的成绩，据报道，某个服刑人员刚入狱服刑时，抵触情绪很严重，经过一番思想矫正教育，最终取得良好的矫正效果，具体报道如下。[①]

"刚入监时，我在内心深处对生活产生了绝望，对未来失去了信心。入监监区的董警官好像从我毫无表情的脸上读懂了我，他语重心长地一次次找我谈话，给我讲许多道理，帮我树起生活的勇气，使我顺利渡过了人生中最寒冷的'冬季'。

"那是去年冬季一个寒冷的夜晚，我突然感到心慌、胸闷、呼吸短促，两位警官冒着严寒从值班室跑进监舍，迅速找来医生给我诊断治疗，检查的结果是因我服用降压药引起的不良反应。两位警官把情况向领导做了汇报后，就一直守候在我身旁，直到第二天黎明我病情稳定下

---

① 《常思恩情促改造》，http：//www.fzxj.cn/view.asp？id＝202120。

来他们才离开。临走时，警官关心地说：'有什么不适赶紧报告，要注意休息。'听了这话我感到一股暖流从周身流过，感激的泪水夺眶而出。这不是亲人胜似亲人的关心，使在场的服刑人员都深受感动。这看似简单的一件小事，却是对我们服刑人员的莫大恩情。

"常言道：'知恩图报。'回首往事，由于我们不懂得感恩，不去感恩，把父母的养育、社会的关爱、他人的帮助、朋友的谅解，都视为理所当然，这种以自我为中心的极端利己主义思想，使我们一步步滑进了罪恶的泥坑，成为令人不齿的罪人。但党和政府并没有抛弃我们，社会并没有忘记我们，亲人和朋友并没有嫌弃我们，而是以博大的胸怀，包容、教育和挽救我们，把我们改造成一名对社会有用的守法公民。

"在服刑的过程中，感恩就是要常思'天下百事孝为先'的古训，不忘父母的养育之恩；感恩就是要常念'一日为师，终身为父'的圣训，听从警官的教诲；感恩就是要牢记'饮水思源''知恩图报'的良训，不忘社会各方面的帮助；用优异的改造成绩，回报他们的恩情。"

服刑人员思想矫正的接受过程是一个不断进行思想斗争和思维整合的复杂过程，一般而言都要经过上述认识—实践—再认识—再实践这样多次反复，才能实现最终意义上的接受、内化和提高。

图6

由于服刑人员的接受活动是一个与矫正工作者相互作用的过程，服刑人员的思想矫正目标能否最终落实，关键还是要看服刑人员思想矫正接受活动的效率。因此，在实践过程中，首先，服刑人员思想矫正过程接受机制的构建必须充分重视服刑人员的需要，根据服刑人员自身不同需要和需要的强烈程度设法适应和满足他们合理的、正当的需要。同时，注意及时扭转服刑人员错误的或不切实际的需要和动机。其次，要陶冶服刑人员的情操，利用各种教育因素，创建矫正情境，对服刑人员进行感化和熏陶，培养服刑人员积极健康的思想情感，达到提高服刑人员思想品德水平的目的。

二　服刑人员思想矫正之动力过程

行为动力的出现源自人的需要的产生，服刑人员有目的的行为往往都是出自对某种需要的追求。心理学认为，"需要"借助"人的心情产生紧张的情况"这一介质，从而产生动机，导致行动，即一个行动的发生需要有一定激发力的推进而产生作用。从心理学的角度讲，人的需要具有多层次性，"需要"的产生需辅之以一定的激发因素方能得到更好的体现。这就为分析服刑人员思想矫正科学、多元的动力过程提供了理论依据。

服刑人员思想矫正的动力过程是指思想矫正的目标确定以后，为了实现目标所运用的政策和采取的各种激励手段。此过程主要由政策引导因素、物质激励因素、精神激励因素和竞争因素等方面构成。

（一）政策引导因素

刑事政策是国家为达到减少犯罪的目的，依据本国犯罪的总态势采取刑罚或非刑罚的手段所制定的一系列方针和策略。① 从世界范围看，各国刑事政策普遍向轻缓化方向发展，主要体现在定罪政策上的非犯罪化、量刑政策上的非刑罚化和行刑政策上的非监禁化。不过，这种轻缓化的政策在当今调整为"轻轻重重"复合型的刑事政策。"重重"就是对社会及他人危害程度严重的重大犯罪以及主观恶性深重的累犯、惯犯、再犯等，在报复和预防原则支配下适用比以往更为严厉和严格的处遇。而所谓"轻轻"就是对轻微犯罪，包括偶犯、初犯、过失犯等主观恶性不大的犯罪，适用比以往更为轻缓和宽松的处遇。在行刑方面则表现为对主观恶性不大的轻微犯罪的服刑人员使用相对比较宽松的行刑处遇，在这一过程中特别重视服刑人员思想层面的感化和教育。

随着20世纪90年代世界经济一体化、全球化以及信息化、网络化时代的到来，我国面临的国内国际环境发生了深刻的变化，对外开放的日益扩大，使得经济全球化的趋势越来越明显。在经济全球化发展的同时，西方国家鼓吹的"文化全球化"也悄悄渗透进人们的日常生活中，通过电影、书籍、宗教等形式表现出来。在和平年代，意识形态的侵略

---

① 杨春洗、余铮：《论刑事政策视野中的严打》，《人民检察》2001年第12期。

最为隐蔽且攻击性强，如果我们没有较强的甄别力，极有可能被所谓的"拜金主义""享乐主义"熏染，形成错误的人生观、价值观，迷失正确的人生方向，从而走向犯罪的深渊。犯罪原因的复杂性和服刑人员转变自身认识的难易性等因素，影响着服刑人员矫正的效果和今后服刑人员继续生活方式的选择。因而，制定合理的刑事政策将对司法改革的方向产生深远的影响。

当前，我国正处在新旧体制变化的转型期，各种利益关系的不断调整，社会的就业方式、分配方式、生活方式日趋多样化，因经济利益诱发的矛盾也日益增多。此外，由于地方政府利益与百姓利益相冲突却常常得不到有效合理的解决，容易引发新的矛盾，导致群体性事件时有发生。在这一特定的社会背景下，我国根据自身的实际情况，将长期以重刑主义为主导的刑事政策逐渐转变为"宽严相济、以宽济严、轻轻重重"的刑事政策。对那些直接影响社会稳定的犯罪实施严厉的惩罚，而对那些不直接影响社会稳定的甚至部分对社会稳定影响不太严重的犯罪实行轻缓型的形势政策。[①]"宽严相济"的刑事政策充分体现了尊重和保障人权、司法正义平等的精神。在这一政策的指导下，为了达到更好的矫正效果，使服刑人员顺利复归社会，减少再犯罪率，降低社会风险，党的十八大报告特别指出"加强和改进思想政治工作，注重人文关怀和心理疏导，培育自尊自信、理性平和、积极向上的社会心态"。因而，不论是对重犯还是轻犯，在执行刑罚的同时，应重视服刑人员的思想矫正工作，充分尊重服刑人员的合理需要，强化其接受的动力系统，逐步提高需要层次，激活服刑人员的接受机制，使服刑人员从思想层面树立符合社会主流的价值观，认可和接受现有的社会生活方式。

刑事政策从宏观层面对刑事各项制度的出台和运用起着指引作用。服刑人员思想矫正的政策导向包含两个方面：第一，以鲜明的政策理论观点引导服刑人员不断提高思想觉悟和认识能力；第二，合理满足和正确引导服刑人员的需要。首先，当服刑人员的需要是合理的、正当的，与目标是相一致的，在现有条件下是可以实现的时候，政策应加以肯

---

① 李希慧、杜国强：《我国现行刑事政策反思及完善——以维护社会稳定为切入点》，《刑事法学》2003 年第 10 期。

定、鼓励，从而调动服刑人员的积极性，以有利于目标的顺利实现。2011 年《中华人民共和国刑法修正案》（八）（以下简称《刑法修正案（八）》），明确规定了对判处管制、缓刑以及假释的罪犯依法实行社区矫正，为司法行政机关开展社区矫正工作提供了法律依据，为改革完善我国刑罚执行制度奠定了重要基础。社区矫正制度的出台就是顺应服刑人员更好再社会化的一种矫正政策。其次，对于不合理的、与目标相反的需要应加以积极引导。因此，政策导向机制在引导服刑人员不断提高思想觉悟和认识能力的基础上，努力完善需要的内容和层次，激励和强化高级层次需要，为社会多做贡献。

新疆维吾尔自治区监狱系统开展"脱逃无出路，改造有信心"专项教育活动，通过改造矫正服刑人员思想，从深层次上解决服刑人员犯罪问题，取得了显著的成效。具体报道如下。①

"各监所紧紧围绕监管安全首位意识，多次召开监管安全工作专题会议，周密部署活动方案，明确活动内容；利用狱内广播、黑板报等载体，对《监狱法》等法律法规进行大力宣传，有效提升了服刑人员的法律意识，对开展好该项活动营造了良好的舆论氛围。各监所还结合自身实际开展活动，沙雅监狱对全体服刑人员进行了一次思想动态分析，对排查出有问题的服刑人员，采取针对性攻坚谈话教育，晓之以理、动之以情，及时稳定了服刑人员情绪。第一监狱综合运用亲情帮教和目标激励手段，使教育转化顽固服刑人员工作取得显著成效。新源监狱组织服刑人员学《刑法》，唱'反脱逃'歌曲，背'行为规范'，进一步筑牢了服刑人员思想防线。巴音郭楞监狱开展了狱内防逃处置预案演练，完善服刑人员脱逃处置预案的演练机制，提高了民警的应急处突能力。第四监狱开展了以'反脱逃、反违规、促改造'为主题的服刑人员集体签名活动；伊犁未成年犯管教所组织了'反脱逃'教育专题讲座，帮助服刑人员认清脱逃犯罪的危害。福海监狱、喀什未成年犯管教所组织了'现身说法'教育活动，教育服刑人员自觉抵制并敢于和脱逃犯罪做斗争，使服刑人员深刻认识到脱逃行为的危害性。

①　《脱逃无出路　改造有信心　教育活动圆满结束》，http：//www.fzxj.cn/view.asp？id=201812。

"通过专项教育活动，增强了服刑人员安心改造的思想意识，对维护监狱的安全稳定和提高教育改造质量起到了积极作用。"

（二）物质激励因素

人的生存离不开物质，物质需要贯穿人类历史发展进程的始终，是满足人生存、交往、发展的前提。服刑人员思想矫正在现实矫正活动中需要建立物质激励机制，在这一过程中，既要解放思想，又要防止走向极端，以免夸大物质刺激的作用。一方面，从思想上坚决清除那种把精神和物质利益对立起来的所谓的"精神万能论"；另一方面，防止只强调物质激励，把物质激励作用绝对化的做法。

对表现较好的服刑人员单独给予实物奖励，或者在给予刑事奖励、行政奖励的同时给予一定的实物奖励，将会起到较好的效果。在实施实物奖励时，可以根据不同对象、时间、地点，采取灵活多样的物质奖励形式。

（三）精神激励因素

从社会的角度来看，精神需要是人不可缺少的高层次需要。精神需要主要包括社会交往需要、尊重的需要、成就的需要、自我发展的需要等内容，服刑人员思想矫正实质是做服刑人员的精神世界工作，提高服刑人员的思想政治素质，调动服刑人员改造的积极性、主动性、创造性。对服刑人员的精神激励应从满足需要着手，从而引导服刑人员追求更高层次的需要。一方面，要努力搭建主体平等的矫正教育模式，重视服刑人员的权利保护；另一方面，要解决服刑人员的实际问题，如与亲属见面，服刑人员的教育培训，以及刑满释放后的就业安置与保障等，为服刑人员个人的发展创造良好条件，引导服刑人员自我发展。精神激励的具体内容，可从以下几个方面开展。

第一，荣誉激励。

在中国，自古以来就有重视名节、珍视荣誉和好面子的传统，因此，荣誉激励在矫正工作中就显得较为重要，一部分服刑人员犯罪，往往因为漠视名节，忽视荣誉逐步导致的，或者就是因为要面子的虚荣心而导致的。应通过荣誉奖励，鼓励服刑人员做对集体有益的事，重视别人对自己的态度，重视名节。

对于一些矫正表现比较突出的服刑人员，给予必要的荣誉，可以进一步促进其矫正。同时，对于后进的服刑人员通过批评、警告、记过等负激励，促进其矫正，形成良好的矫正氛围。对服刑人员运用的荣誉激励方式主要有口头表扬、比赛激励、大会表扬、评选积极分子、记功等。其中，大会表扬、评选积极分子、记功作为行政激励方式的同时，也起到荣誉激励的作用，表扬先进，激励后进。而口头表扬的应用最为广泛，在服刑人员表现较好的时候，给他们一个表扬，哪怕是一个肯定的眼神，对他们自信的培养都能起到很好的激励作用。此外，在荣誉激励中还要注重对集体的鼓励，以培养服刑人员的集体荣誉感和团队精神。

第二，信任激励。

信任激励是给予服刑人员必要的认可、相信和接纳，从而加速服刑人员自信心的重建，促使其积极矫正的激励形式。服刑人员的矫正活动的开展，信任也是十分重要的。比如某监区监舍中的某一物件找不到了，在调查中，首先怀疑的对象是犯盗窃罪的服刑人员，但后来发现是其他人拿去或在另外的地方发现了该物件。这种案例不在少数，虽然事情不大，但这种不信任伤害了这类服刑人员，可能导致其日后自暴自弃甚至再犯罪。因此，矫正工作者应在对服刑人员的教育过程中注意如下几个方面。

首先，要学会信任服刑人员。以前对服刑人员的管教，把其作为假想敌人，采取戒备、敌对的心态，引起的直接后果是服刑人员的拒绝和对抗。随着社会进步和发展，在对服刑人员进行有效矫正和激励的过程中，信任服刑人员是激励和矫正的基础。矫正工作者对服刑人员必要的信任可以使服刑人员自我肯定，重拾信心，树立、充满向上的信念，并且培养坚韧不拔的意志力，走好矫正的道路。

其次，帮助服刑人员重塑和建立信心，促进其积极矫正。很多服刑人员犯罪之后，懊悔不已，悲痛欲绝，产生强烈的自卑心理，缺乏对未来矫正的信心，严重影响矫正。心理学认为，自卑时由于过多地自我否定容易使目标对象产生较多自惭形秽的情绪体验，此种不良体验会影响他们行为矫正的效果。因此，在对服刑人员进行思想矫正的过程中，矫正工作者应多鼓励服刑人员认清以前犯的错误不代表将来，要学会总结改正，并防止不必要的猜疑对服刑人员矫正带来的负面影响。反之，如果矫正工作者对服刑人员采取冷漠、敌视的态度，很可能使服刑人员尚未泯灭的良知和人性，发生强烈和急剧的逆转，滑向激励的反面。

对于社会其他成员来讲，对服刑人员的尊重和关爱也是信任激励的一种重要表现形式。服刑人员是我们全体社会成员的一部分，他们中的一些人被剥夺了一些有限的权利，但是他们也拥有许多和普通人一样的权利，拥有不被歧视和被社会关爱的权利。

笔者走访了浙江省宁波市北仑区司法所在开展社区服刑人员思想矫正的工作中，注重人性关怀对提高矫正质量的潜移默化作用，在不影响矫正工作的前提下，采取创新举措，尽可能地保护矫正人员隐私，克服自卑心理，树立改过自新的信心，取得了良好的效果。

很多进入社区服刑的矫正对象在诸多方面遭受着极大的考验，他们的名誉、信用丧失，社区群众不敢和他们接近，面临社会歧视等方面突出的困境。这些因素往往导致服刑人员心理脆弱，尽管他们中绝大多数有诚心悔过、重新做人的决心和愿望，但回归社会后如果不能得到足够的信任和尊重，重新犯罪的可能性极大。北仑区司法所从矫正对象"自尊需要"出发，在全区率先采用"社区矫正对象代码管理"，保护矫正对象名誉，尊重和维护他们的合法权益，保障矫正对象不受歧视，在精神上给予帮助，尽量体现对矫正对象人性的关怀。

（四）竞争因素

竞争是在主体与他人交往或共同劳动的过程中产生和得到体现的。竞争性是一种客观存在，也是调动一切潜能的动力，表现在宏观上具有调控功能，微观上具有动力功能。在对服刑人员进行矫正的过程中加入适当竞争因素具有重要意义：一方面有助于增强服刑人员思想矫正工作的活力，有助于服刑人员观念的更新，达到解放思想的目的；另一方面能够强化服刑人员的自我意识，调动服刑人员的积极性，挖掘其潜能。这对服刑人员的个性发展、自我完善以及全面发展能够起到很大的推动作用。在矫正工作中加入竞争因素必须坚持公平原则，为服刑人员创造和提供均等的竞争环境，是发挥竞争功能的根本保证。如果在具备竞争的条件下，人为地去抑制竞争或降低竞争自由度，只会导致竞争的失效，甚至起到负面作用。

此外，研究服刑人员思想矫正的动力过程，一要注意矫正工作的目标设立要科学、适当，这是影响矫正效果好坏的一个重要因素。动力过程的分析与研究，其意义在于为目标服务，如果目标不适当，就无法激发服刑人员满足需要的动力，那么对于动力过程的研究效果就会打折扣。因此，目标确定要难度适中，充分考虑个人利益，把长远目标化解为一个个短期的具体目标。二要注意在激发服刑人员动力需求的具体操作中，必须区别不同的教育对象和具体环境。根据主体多样化和个性化的特点，每个服刑人员的经历、性格、年龄、思想以及认识水平是不相同的，因而在一定时期内服刑人员所追求的需要也呈现出比较明显的差异。这就要求我们因人而异，具体情况具体分析，以适应不同层次激励对象的需要。

三　服刑人员思想矫正之说服过程

说服是重要的一种心理活动，它是说服对象将外在的信息转化为内在观念，予以认同的复杂的心理过程。服刑人员思想矫正过程中的说服，是指在一定的环境条件下，矫正工作者运用多种方式说服教育服刑人员，使其内心的信念、情感、态度、价值观念和行为发生变化，实现矫正工作者目的的过程。

从服刑人员思想矫正说服过程来看，主要包括三个构成要素：服刑人员思想矫正的说服者、被说服者（服刑人员）以及说服环境。说服者在说服过程中具有主导作用，其素质的高低直接影响到说服的效果。因此，说服者必须具备优秀的素质、完善的人格才能影响被说服者的价值观、态度或行为的转变。说服必须在一定的时空环境下进行，说服的环境包括时间环境、空间环境及社会环境。服刑人员思想矫正的对象也就是被说服者，被说服者的素质、精神状况也会直接影响到说服的效果。服刑人员说服过程的三个构成要素是一个动态的过程，它们相互联系、辩证统一于服刑人员思想矫正的过程中。

服刑人员思想矫正是一项复杂的矫正活动，按照事物的发展规律来看，这种说服活动主要由以下几个环节构成。

第一，确定目标阶段。确定说服目标才能使说服工作做到目标明确。目标的确定就是创设一定的条件和环境对服刑人员进行劝说，以期服刑人员能够对矫正教育工作者的行为表示理解并付诸行动进而得到预期结果。目标的设定和安排是展开说服过程的重要环节，说服的每个过程都必须围绕目标进行，因此说服目标的确定是关键。在设定说服目标的标准与内容时，需要进行全面考虑，既要考虑到矫正工作者的能力，又考虑到服刑人员的接受能力。也就是说目标的设立要合适恰当，既不能脱离服刑人员实际的需求，也不能要求过低限于应付，应具体结合服刑人员自身的实际特点以及矫正的总体要求，从而达到和谐一致。

第二，对服刑人员个体进行分析阶段。在对服刑人员进行说服教育的过程中，矫正工作者要了解服刑人员，分析服刑人员的态度，只有了解其需要才能引导服刑人员，分析观念、思维存在的利弊，舍弊求利。按照说服的心理学和社会学理论依据，说服必须关注服刑人员的三种人格需要，有针对性地做好说服教育。一是针对个体对外来信息天然存在的排斥性，矫正教育者应适时削减防卫度，提高服刑人员对传递信息信任度的需要；二是关注服刑人员价值观和个人行为表现的需要；三是满足人们实现社会期待、符合社会理想角色的需要。在了解服刑人员的需要后，还要分析服刑人员的态度。就服刑人员的一般表现来说，态度表现为敌对、怀疑和友好三种，只有分析并充分了解服刑人员目前的态度状况，才能有针对性地实施说服，使之具备实效性。

第三，说服过程的实施阶段。由于服刑人员的矫正态度不同，因此说服的内容和方法也应有所区别。针对敌对态度，矫正工作者首先要赢得信任、消除对立情绪才能有效实施劝说；针对怀疑态度，要着重解释疑团，阐述观点；针对友好态度，要着重引导服刑人员从态度到行动的转变。

第四，反复巩固阶段。实施劝说后，矫正工作者还必须要观察和收集服刑人员的反馈信息，从中分析和了解服刑人员对劝说的接受程度，进而为下一步的说服工作做准备。说服工作需要长期的坚持与阶段性的跟踪观察，矫正教育工作者需要不断更新教育理念，对具体的矫正对象进行充分分析，制订具有针对性的说服方案，如此一来才能使说服过程发挥更大的作用，更好地促进服刑人员完善人格的养成。

四　服刑人员思想矫正之沟通过程

说服过程是从微观层面探索如何增强服刑人员的矫正效果，而沟通过程是从宏观层面研究如何使矫正教育者与服刑人员之间形成信息的有效传递。对于沟通的概念来说，现代汉语字典如是定义："沟通是借着语言、文字形象来传递或交换观念和知识。"服刑人员思想矫正的沟通，是指在矫正工作过程中矫正教育工作者与服刑人员之间以语言、文字以及其他辅助设备等媒介符号进行的思想信息和情感的双向交流和互动过程。

服刑人员思想矫正的主体对象是人，要通过矫正教育改变服刑人员固有的与主流价值观相背离的思想及观点，不能一味采取强压式的灌输方式，而应当及时采取有效的双向互动的沟通方式，而服刑人员思想矫正的沟通则可以达到授者与被授者相互之间信息的充分传递，更好从思想和心理层面指导、调适、鼓励服刑人员，此外还能更为及时地将服刑人员的信息反馈传递给矫正教育工作者。沟通过程体现出双向互动性的特点，即矫正工作者与服刑人员通过情感互动和相互之间双向交流的实践活动，在对矫正教育方面的信息内容进行理解和交流传达的基础上，尽量避免或消除情感认知上的障碍，从而顺利实现服刑人员思想矫正的教育过程。

矫正教育工作者与服刑人员良好的沟通过程可以更好地为矫正教育工作的开展发挥如下作用：第一，可以减少服刑人员对矫正教育者的排斥情绪，增进服刑人员对教育者的理解和认同，通过双向互动，可以使二主体更好地进行换位思考，降低陌生感，增强信任感，逐步缩小情感上的差距，以便服刑人员主动接受矫正教育者的任务和要求。第二，可产生相互促进、共同成长的作用。矫正教育者要在正规教育的前提下以文化建设为中心，教育要努力贴近服刑人员的思想和改造生活实际，采用丰富多彩、喜闻乐见的活动形式，将无形的教育融入、渗透到有形的活动中去，努力营造一个适宜服刑人员改造的和谐环境，陶冶服刑人员的思想情操，提高矫正教育质量。不断创新教育载体，丰富教育手段和形式，通过"以文化生活熏陶人，以法律援助帮助人，以心理矫治改造人"等工作形式，加强教育改造工作的"软环境"建设，以营造服刑人员积极改造的良好氛围。在引导、教育服刑人员的同时，其自身也在不断总结和积累工作经验，增长职业见识。

服刑人员思想矫正过程的沟通过程由矫正工作者、服刑人员、信息、沟通媒介、沟通反馈等要素组成，其过程如图 6 所示：

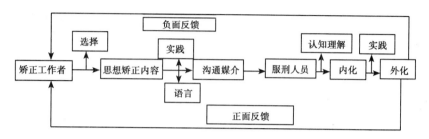

图 6

　　具体来说，图 6 所示的沟通过程，就是按照如下步骤进行：首先，从矫正教育者的角度出发，其选择或确立一定的教育内容，通过报告、讲座等文字或语言媒介，向服刑人员发出相应的信息，这些信息可能是某种观点、理论、号召等，也可能是就某一问题征询意见、建议等，但是发出信息的目的在于传递矫正教育内容。其次，服刑人员在一定沟通媒介的适当作用下，充分地注意、理解和吸收矫正工作者发出的相应信息内容，并将内容内化成服刑人员的内在思想。最后，服刑人员通过自身的言论或行为，把内化了的信息内容及时地反馈出来。通过整个过程的分析，沟通过程其实就是一个矫正工作者和服刑人员之间的互动和往复交替的循环过程。

　　对于服刑人员来说，必须对其进行有效的思想矫正沟通，方能实现矫正目标的意义和价值。因此，我们应注意以下问题，以期在服刑人员思想矫正的沟通中达到最优化的效果。第一，须在沟通过程中将地位平等观念贯穿在矫正工作者和服刑人员二者之间。所谓平等意指二者的地位平等，也就是指矫正工作者和服刑人员在人格上是平等的且必须互相尊重。同时，要在沟通的过程中，注重充分发挥服刑人员自身可能存在的主观能动性，从而令其达到自我教育的程度。因为在沟通中可以察觉出来，部分服刑人员的思想观念、政治观点与社会的要求，还存在一定程度上的差别，有时候甚至是对立的。但是即使二者存在不一致，矫正工作者也不应该迫使服刑人员服从自己，而是要让双方都能够在合理的空间范围内言简意赅地阐明自己的看法，尽量通过沟通达成一致，或者哪怕是求大同存小异。总之，此种做法的根本的目的是，要让服刑人员能够通过主动思考和有效沟通，来不断地提高自身的思想认识，从而有助于其在服刑过程中做出正确的判断和选择。第二，对于矫正工作者来说，面对服刑人员时要坚持积极倾听的态度和原则。这里所说的倾听，一般来说是指将声音、肢体语言和面部表情等听觉、视觉信息，通过意义转译、选择、评价、判断等一系列复杂的过程，最终达到接受和理解对方的思想、信息和情感的结果。第三，还要在思想矫正沟通之中选择恰当合适的沟通渠道与方法。沟通的方式可谓各式各样，包括谈心沟通法、与服刑人员亲属沟通法等。教育者应根据客观情况，灵活地采用恰当的沟通渠道和灵活的沟通方法。

第四章　我国服刑人员思想矫正之主观因素分析

服刑人员思想矫正可以看作对服刑人员由外在的规制到内在规制的转化过程，这种转化过程是多种因素相互影响、相互作用的结果。分析和研究影响矫正效果的因素，对于开展矫正工作具有重要的推进作用。其中，矫正教育者和服刑人员的观念及素质，是影响矫正效果的主观要件。

第一节　矫正工作者内在素质与服刑人员思想矫正

一　文化程度与服刑人员思想矫正

监狱警察和社区矫正工作人员担负着教育和矫正服刑人员的任务，肩负着言传身教的角色，因而矫正工作者的文化程度和自身素质的高低，将对服刑人员的矫正效果产生较大影响。监狱民警不仅要具有精湛的法律知识，还要具备相当广博的综合文化知识。十一届全国人大常委会第二十六次会议中指出，据不完全统计，我国目前有近700所监狱和约30万名监狱工作人员，在监狱中进行矫正的服刑人员大约有150万名。在这个复杂的监狱管理活动中，监狱工作人员不仅依法对服刑人员严格管教，而且还要通过劳动、教育等矫正活动，将服刑人员矫正为守法公民。如何解决这项极其繁重的任务，成为困扰我国监狱系统的重要问题。建立一支结构合理、学科门类齐全的高素质监狱工作人员队伍，是完成这项任务和监狱社会使命的关键。

　　监狱学因矫正对象的复杂性而具有边缘性、交叉性的特点，涉及犯罪学、法学、心理学、教育学、伦理学、哲学等学科，同时由于监狱行刑过程中还涉及对服刑人员的教育与改造，因而，相应的犯罪心理学、管理学、网络信息技术，以及关乎心理疾病与心理障碍的心理医学等方面的知识亦不可或缺。那么，作为教育服刑人员的矫正工作者，只有认真学习马克思列宁主义、毛泽东思想和中国特色社会主义理论体系的相关政治知识，以及通过学习和掌握法律知识、心理学知识、教育学知识等，才能在工作中坚定自己的政治立场，把握正确的政治方向，坚持正确的政治观点，否则，对服刑人员谈法律、谈政治、谈理论，只能成为一句空话。

　　在矫正工作者整体文化素质方面，通过调查武汉某监狱某监区笔者了解到，在监67％的服刑人员为小学、初中文化程度，而该监区服刑人员的文化教育，大都以服刑人员担任文化教员，内容方面只开设了小学、初中语文和数学两个课程，政治、法律方面的学习是服刑人员思想矫正的关键，而恰恰服刑人员的政治教育、法律教育是教学上的"盲点"，教育效果都不理想。主管教育的业务科室工作人员，大多是非师范院校毕业的，并且多数以体能见长，文化素质较为薄弱。因此，提高监狱民警的综合文化素质，解决服刑人员的文化教育，是当前监狱必须解决的问题。

　　对社区工作者来讲，从先行试点的情况看，现有的社区矫正工作者，除了一部分是面向社会公开招聘的应届、往届大中专生外，大部分是从当地法律服务所等其他部门照顾性安置或"转岗"而来的中老年同志。尽管这些人员有的也有一定的法律知识和社会工作经历，但由于他们大多年龄偏大、学历偏低，普遍缺乏基本的刑事执法以及社会工作专业知识和经验，思想观念也难以适应社区矫正的价值理念。据调查，这些社区工作者上岗前有的"临阵磨枪"，仅仅参加1—3天的"速成班""扫盲班"学习；有的甚至没有经过任何形式的培训，只是"师傅传授，跟班作业"，故难以胜任社区工作者这一角色，难以从事专业性、法律性很强的社区矫正工作。此外，社区工作者年龄偏高，部分人员不懂电脑，且安于现状、不求上进，工作上被动应付，缺乏主动创新意识，工作方法显得简单粗糙，缺乏互动的手段。就武汉市来讲，女性社区工作者偏多，男女社区工作者比例失调，个别的竟然达到2∶8，使得社区工作者队伍管控高危人群的能力缺失或大打折扣，甚至出现在开展集中教育、公益劳动时压不住阵脚的局面。

在职业准入资格方面，应根据监狱工作人员的种类科学地建立职业资格准入制度。不同的监狱管理工作，对工作人员的身体素质、文化水平要求不同。对于主要从事看守所的警察来说，由于他们的工作主要是看管好服刑人员，因此，对于他们身体素质、体能技能要求较高，文化水平要求不是很高，一般而言达到中等文化水平就可以胜任工作。对于从事文化教育的工作人员来说，由于他们是为服刑人员传递文化知识，主要从事的是教书育人的工作，因此对他们的文化水平、教学经验要求较高，比如要求具有教师资格证书等，而对体能方面只要求健康，没有传染性疾病就可以了。从事职业教育的工作人员不仅需要一定的知识，还需要较强的动手操作能力，工作经验丰富。

《刑法修正案（八）》规定了依法实行社区矫正，此项规定的正式出台为监外服刑人员实行思想矫正提供了法律依据，而在具体执行的实践过程中，由于缺乏相关细则，导致社区矫正机构职责不是很明确，公安机关和司法行政机关权责不清，影响了矫正工作的规划与管理。有的领导甚至认为"司法所人员和社工、志愿者是一家人，谁做，谁不做；谁多干，谁少干，没什么关系"。因此，构建科学合理的考评和职责划分体系就显得非常必要，如此一来，才能更好地保障矫正工作者整体素质的提高，保障目标管理和考核的有效实施，充分调动社区矫正工作人员的积极性去提高工作效率和矫正教育效果。

二　心理素质与服刑人员思想矫正

现代社会经济生活、文化生活快速发展，人们的生活节奏加快，特别是网络、电话等通信工具的便捷缩短了时空距离，快捷的交通工具等给人类生活带来了前所未有的快节奏，但人们的工作、生活、社交的压力陡然增加，心理健康问题也日益突出。由于我国监狱一般建立在远离城市的农村或山区等偏远地区，相对社会其他单位而言，比较封闭，监狱干警和工作人员与外界接触联系较少，同时，监狱干警承担着管理、改造、教育服刑人员等多重任务，加之家庭生活的压力，会直接或间接地影响到矫正工作者的心理情绪。监狱干警情绪的波动，会给其工作带来一定的影响，比如因情绪波动，可能会影响监狱干警认真履行职责，或对服刑人员的态度不好等。最终影响的是服刑人员的改造效果，威胁监管改造秩序的安全稳定。研究监狱干警以及工作人员的心理对服刑人员改造的影响，对于充分发挥监狱职能作用，提升干警和工作人员的素质，提高服刑人员思想矫正质量，具有十分重要的现实意义。

监狱干警及其工作人员的心理问题对矫正工作的影响是多方面的，具体说来主要有以下三点。

第一，监狱干警自卑、缺乏信心的心理对工作带来的影响。自信心是做好任何一项工作的基础。比如，有的工作人员因一时失误，受到领导的批评，心理负担较重，有较大的心理压力，对工作失去了信心，对工作也缺乏动力，甚至怀疑自己的工作能力。工作人员一旦有了这种压力，就会感觉工作没有兴趣，不愿意接触服刑人员，或对服刑人员的违规违纪不愿意去管理，给工作带来了不良的影响。

第二，监狱干警和工作人员抑郁、焦虑的心理对工作的影响。抑郁和焦虑是每一个人都有可能患上的心理疾病。监狱干警或工作人员一旦有了焦虑或抑郁的心理，将会情绪低落，对工作缺乏兴趣，感到心里非常压抑。怀有这种心理的矫正工作人员思维会变得迟缓，意志活动会有所减退；监狱的矫正工作人员面临的工作压力越大，越容易表现为无来由的不安害怕，情绪紧张，整日死气沉沉，没有朝气和活力。在这种心理支配下，矫正工作人员脾气将会变得暴躁，给工作带来了一定的影响。

第三，厌倦、缺乏动力的心理活动对工作带来的影响。一些矫正工作人员长时间工作在压抑、封闭的同一个环境里，在心理上容易产生厌倦、懈怠。有的因为没有被提拔重用，工作缺乏必要的动力，表现为工作消极，缺乏情感投入，消极对待工作职责。矫正工作人员一旦对工作失去了兴趣，就会抱着"多一事不如少一事"的心态，不能主动、自觉地开展工作，对服刑人员违规也就会视而不见，对服刑人员的突出表现也不会及时进行表扬，这种情况会影响服刑人员的情形稳定，不利于监狱监管秩序的稳定。

第二节　服刑人员自身的素养与服刑人员思想矫正

一　心理素质与思想矫正

　　服刑人员的心理教育要以一定的价值观为指导，符合人的心理发展规律，心理学告诉我们，服刑人员是可以矫正的，因为服刑人员的心理规律是可以被认知的，服刑人员的心理并非是与生俱来的，也非凭空产生的，而是在后天社会生活和活动中，在与他人的社会交往和个人的经历中逐渐形成的，只要改变生活习惯，其心理也会变化。犯罪心理不过是在社会生活实践中形成的，也必然能够在社会生活实践中消除。服刑人员在接受思想矫正时，已经具备了储备和认知相关信息的心理状态。这种状态主要包括服刑人员是否有心理准备接受教育劝导说服的心境和情绪状态等。一般而言，如果服刑人员事先知道会发生什么情况，知道矫正人员将会对其实施什么样的说服教育等而具有了心理准备，这会影响服刑人员矫正态度的变化。如果他们不愿意接受说服，会提前从思想和心理层面进行准备以做出应对，这就增加了教育矫正工作的难度。当然，服刑人员对于心理上的"预警"并不总是朝着抵制教育说服的方向发展的，服刑人员还要看矫正工作者教育的态度以及教育内容与服刑人员自身利益的相关程度。此外，服刑人员在接受矫正教育时是否处于良好的心境和情绪状态，也是影响服刑人员思想矫正效果的要素之一。

　　心理素质是服刑人员整体素质的组成部分。服刑人员的心理素质是在先天素质的基础上，经过后天的环境与教育的影响而逐步形成的。心理素质包括人的认识能力、情绪和情感品质、意志品质、气质和性格等个性品质诸方面。心理是人的生理结构特别是大脑结构的特殊机能，是对客观现实的反映。

　　先天素质指主体与生俱来的遗传素质以及在此基础上形成的个人天赋。天赋又称天资、禀赋，它与遗传因素同属人的自然生理属性。但二者又有差别：遗传是指后代完全从先代获得的生理素质，而天赋则指这些生理素质的不同结合。前者完全是与生俱来的，后者一部分是与生俱来的，一部分则是遗传性状和环境条件相互决定的。先天遗传素质的不同联结，构成了人的不同天赋，从而产生了不同个体之间的差异。遗传和天赋是人发展的基本条件和出发点。通过遗传，个体获得人类种族进化过程中具备的自然特征，完成自己的自然肉体组织发育，主要是神经系统以及感官和运动器官的特性，从而为获得主体能力奠定了重要的生理基础。

人的遗传素质、天赋具有不容否认的差异。这不仅表现在人的体态、体质、体型、体貌等外部显而易见的特征上，也表现在人的感觉和高级神经活动等不很明显的特征上。有的人身材高，有的人身材矮；有的人乐感好，有的人乐感差；有的人脾气暴躁，有的人性格温顺。这些天生的差异对个体会产生重大的，有时甚至是决定性的影响。遗传素质和天赋客观上起着决定个体某种特性的潜能范围的作用。遗传和天赋等先天禀赋为服刑人员的心理素质的形成提供了种种潜在的可能性和倾向性，但它不能决定个人发展的全部过程和方向。天赋本身不是天才，二者之间不存在绝对的对应关系。也就是说，同样的遗传素质和天赋条件，固然可能形成人的不同能力，而同一种能力也可以在不同素质条件的基础上形成。这又主要取决于环境条件、个人条件及其活动等其他因素。就一般的、正常的人而言，天赋的差别并不悬殊。而且，从服刑人员心理素质发展的总过程来看，先天因素在人发展不同阶段上产生影响的大小是变化的，总趋势是逐渐减弱。因此，我们既不能否认也不能无限夸大遗传和天赋，对服刑人员心理素质的重要影响。

影响服刑人员心理素质的后天因素，是指服刑人员在成长过程中逐步形成的身心发展水平，包括身体的生长发育和健康状态以及知识、意志、情感、态度、气质、性格、毅力等许多方面。先天因素是第一性的、主导性因素，后天因素是派生的、第二性的不占主导地位的因素。先天因素是后天因素的基础，后天因素受到外界因素的影响，影响到人格的形成。后天因素是人发展中最能体现人的自主性、自觉能动性的方面，它从两个方面影响人的发展。

第一，每一个主体已有的经验、心理因素影响到他对周围环境的判断，影响到他对信息的选择和利用方式，从而影响今后的发展方向。从心理形成过程的角度看，每个人对客观世界的态度、评价方式，都会受到已有的经验和思维模式的影响。过去的经验对个体以后的发展起着重要的影响作用。这种影响作用的大小受到多种因素的影响。人的智力发展水平越高，从社会上借鉴吸收到的东西就越多，人的过去经历越丰富，他对现实的认识感受也越丰富。

第二，主体对未来的向往和追求，会化作自身发展的强大动力，激励主体不断地为自己的发展创造条件，从而一步一步地实现自己的理想人格，发挥自己的能力。主体对未来发展目标的这种自觉追求，是人的主观能动性在影响人的发展方面的具体体现。

由于服刑人员的心理素质在先天遗传和后天发展方面的显现都不尽相同，造成犯罪的原因也复杂多样，思想矫正工作者应对服刑人员进行认真分析和考察，针对不同服刑人员的心理特质采取不同的矫正方案，如果服刑人员心理障碍程度较深，必要时可以进行专门的心理辅导。

二　道德水平与思想矫正

服刑人员之所以走上犯罪道路，主要是受到客观环境中不良因素的影响，形成了不良的心理品质，产生了犯罪意念。犯罪行为是具有主观能动性的人的行为，最终推动这种行为产生的必然是行为人个人方面的原因。只有当犯罪的社会原因在人的意识中反映出来，并转化为个人内在的行为动力之后，才会驱使个人实施犯罪行为。服刑人员的道德判断有些是不符合社会道德要求的，他们衡量是非、善恶、美丑的标准不是社会公认的道德准则，而是是否能满足其个人金钱欲望、个人欲望。他们不顾社会道德的谴责，不愿承担社会责任。错误的道德观念往往使一些人不惜以身试法走上了犯罪道路。可见，犯罪原因是错综复杂的，但道德失范是引发犯罪的重要原因之一。其具体表现为以下几个方面。

第一，当前社会上一些领域道德缺失，人们对是非、善恶、美丑失去了判断力，拜金主义、享乐主义、极端个人主义很容易诱发犯罪。拜金主义是资本主义原始积累时产生和发展起来的一种道德观念，奉行"金钱至上"的人生哲学，把金钱作为衡量一切的标准，人与人之间的关系变成了冷冰冰的金钱关系。随着社会的发展，人类社会的文明程度提高，特别是当前社会一部分人先富裕起来，享乐主义逐渐抬头。享乐主义对社会群体的影响较大，一些没有经济基础的人，也开始追求具有腐朽性的生活方式，为了满足这种享乐主义的需要，甚至不惜采取违法犯罪的手段侵占他人的财富，导致违法犯罪行为的发生。个人主义把个人利益放在首位，忽视他人的利益和社会的整体利益。损人利己、唯利是图、一切为了个人利益出发是个人主义共同表现。显然，个人主义是一切以个人利益为根本出发点的一种剥削阶级的人生观，是在私有制基础上产生的，是私有制社会普遍流行、影响最大的一种人生观。这三种主义是与社会主义道德相违背的。在任何一个社会中，道德规范的实施和遵守，都必须以正确的道德评价和道德认知标准为前提。

第二，在市场经济发展的过程中，一些人唯利是图的思想恶性膨胀，为了经济利益，违背了道德底线，甚至不惜违反法律，走上了犯罪的道路。社会上的一些人受到经济利益的诱惑，不能抵御金钱的进攻，进行违法犯罪活动。在经济活动中，个别企业生产假冒伪劣产品欺骗消费者，也有些企业为了经济利益，不顾污染环境给生态环境带来了严重的灾难。要遏制经济违法犯罪的根源，需要从思想源头进行教育，从根本上解决问题。

第三，一些地方封建迷信、歪理邪说和"黄赌毒"等社会丑恶现象沉渣泛起，侵蚀着人们的价值观。新中国成立以来，提倡科学、反对迷信，消除旧社会遗留下来的和国外渗透过来的腐朽文化，取得了巨大成绩。但是，我国有着两千多年的封建社会的历史，人们受封建社会文化的影响较深，特别是在广大的农村和偏远的山区，封建迷信、歪理邪说还有着广大的市场，对人们的生活影响较大，这些因素影响了社会稳定，也容易导致违法犯罪行为的发生。

第四，文化消费潮流的误导也是诱发犯罪的动因之一。流行文化的发展给人们带来娱乐功能的同时，文化商品对人们无知觉的伤害也在慢慢渗透。随着网络的发展和普及，流行文化快速传播，对社会群体特别是青少年的影响也越来越大，流行文化不仅影响到人们的价值判断、道德观念、生活方式，还影响到人们的语言行为、心理活动和审美情趣等。健康的流行文化对社会发展有很好的帮助作用，不健康的流行文化容易给社会带来一些严峻的社会问题。特别是在外界不良文化因素的影响下，很容易使一部分人走上违法犯罪的道路。

犯罪学认为，犯罪是由犯罪动力引起的。所谓犯罪动力，顾名思义，即推动犯罪行为发生的内驱力、外诱力。根据心理学的相关知识，

犯罪动力 =（犯罪的内驱力 – 犯罪的内控力）+（犯罪的外诱力 – 犯罪的外控力）。消除犯罪动力是遏制社会成员犯罪的根本途径，其中消除犯罪的内驱力是治本的根本措施，消除犯罪的外诱力是消除犯罪内驱力的保障措施。道德即具有消除犯罪动力的特殊功能。特别是社会主义道德教育，是提高人们文明程度和内控力的基本方法。犯罪内控力增强，就会抵消犯罪内驱力的压力，分解和驱散犯罪内驱力的形成。所以，加强社会主义道德教育，转变社会成员的意识，就会增强个体的内控力，阻止和限制犯罪内驱力的形成和出现。人的道德信念、价值观念的形成具有长期性、渐进性和变异性的特征，因此，重视和加强服刑人员的道德教育必须持之以恒。

在扬州某区监狱中笔者了解到这样一个案例。李某系某重点中学的初中学生，2008 年上半年新学期开学后，几乎天天到网吧上网、看电影。有天下午在网上看到一部《绝色神偷》的影片，片中偷窃、抢劫的情节令他神往，非常羡慕电影中主人翁的神偷、抢劫本领。看到晚上 8 点半出来吃点东西，寻思着晚上去模仿片中抢劫的情节。李某就找了一个相对僻静的街道，在一个弄堂口的转角处，紧贴着墙壁寻找下手的对象。这时，走来一个背包的高个女子，等她走近时，李某模仿着电影里的情节，突然从背后用胳膊抱着女子的脖子，那女子本能地大喊救命。李某又模仿着轻声说：“不要叫，我不会伤害你的，只要你的钱。”可那女子拼命挣扎，尖声呼救。李某就用另一只手去捂她的嘴，结果没捂住，反而被女子咬了一口。这时，过来了一辆三轮车，李某一看情况不妙撒腿就跑。跑出几百米，见没人追来，李某就停下来躲在墙边寻思：刚才明明是按照影片里的动作去做的，怎么没有成功？反被咬了一口！李某越想越不服气，于是决定再试一次。他又回到刚才抢钱的地方守候，直到 11 点半，又走来一个瘦小的年轻女子，李某又猛然一手抓住女子的手臂，一手去捂她的嘴，但事情并不像电影里演的那样容易，连续捂了两次都没有捂住女子的嘴，反而被女子咬了一口。李某便抓住女子的头发往角落里拖。女子大声呼救，并竭力反抗着。李某凶狠地说：“不要叫！再叫我就杀了你！”女子的呼救声惊醒了附近的居民，在众人的围捕下李某当场被擒。结果以抢劫罪被判了有期徒刑。这就是黄色、暴力流行文化造成未成年人犯罪的典型案例。①

人们文化和道德素质的高低直接影响犯罪行为产生与否，因此矫正工作者应注重服刑人员文化和道德的培养，通过多渠道、运用多手段来构造良好的文化、道德氛围。

三　认知状况与思想矫正

认知水平是指个体对外界事物认识、判断、评价的能力，认知水平的高低与实践经验、知识水平、思维能力、信息储量等因素有关，认知水平是影响人们思想形成的主观因素之一。美国心理学家费斯廷格曾提出思想及态度改变的认知失调理论。他认为，每个人的认知系统是由许多关于自我、关于自己的行为以及关于环境方面的信念、看法和知觉等构成的认知结构，每一个具体的知识、观念、信息都是一个认知元素。这些认知元素之间存在三种情况：相互一致协调、相互冲突和不协调、无关。当这些相关的认知元素之间出现不协调或"非配合性"的关系时，认知主体就会产生认知失调，导致认知结构不平衡。这种不协调会让人感受不舒适或紧张，于是驱使人力求减缓由于认知冲突造成的心理压力的动机，使个人通过改变有关的观念或行为，来减少不协调，恢复认知结构的相对平衡和一致性。减少认知不协调的途径有以下几种：第一，改变或否定两个认知因素中的一个认知因素；第二，重新评价其中一个或两个认知元素的重要性或强度；第三，在不改变两个认知因素的情况下，增加一个或几个新的认知元素或理由。

服刑人员观念之间的冲突、自身言行与周围环境的不一致以及服刑人员原有经验与新的行为情境的不相符合等，都可能引起服刑人员认知的失调，从而导致服刑人员思想及态度的转变。服刑人员的认知失调为思想矫正提供了工作的必要性。矫正教育工作者的任务就是要根据矫正的目标，善于诱发服刑人员的认知失调，并及时抓住服刑人员认知失调的时机，采取有效的措施促使服刑人员思想的有效转变。

从犯罪原因分析可以认为，"缺乏法律知识，法律意识淡薄""不

---

① 《关于加强思想道德建设是预防未成年人犯罪的重要举措》，http://news.gask.cn/hyjt/tjzs/201011/935339_2.shtml。

懂得如何做人，没有真正掌握做人的真谛，把握做人的根本""社会适应障碍，缺少融入现实社会的心理素质和知识技能"三个方面的因素，是导致服刑人员犯罪的主要原因，也是影响服刑人员认知水平的最大障碍。服刑人员社会认知水平不高是其走上犯罪道路的重要原因，也是阻碍服刑人员走上新生之路的障碍，转变或提升服刑人员认知水平既是他们告别旧我、重塑新我的标志，也是他们顺利渡过整个服刑生活，回归社会后堂堂正正做人、走好人生之路的法宝。一些从事监狱教育改造模式研究的国外学者认为，大多数服刑人员缺乏某些分析解决问题的技能和某些人际关系以及社交的技能，而且一些深入的研究表明服刑人员的思维模式还不成熟、不适当，因此需要培训以形成更有效的思维模式。尤其对青少年犯，他们的问题不在于矛盾或不正常的动机，而在于他们深受认知欠缺之害，这种认知上的欠缺，一再导致他们陷入生活的困境之中。

根据服刑人员个人认知的特点，应把握和顺应服刑人员思想矫正社会化发展的大趋势，通过一系列身处社会关系下的实践活动中的认知、行为练习，提高服刑人员解决问题的能力并适应环境。在此基础上才有可能实现服刑人员价值观、行为模式的彻底改变。对服刑人员思想矫正工作而言，从教育宗旨到内容要求，都应本着有利于增进服刑人员的生活知识、有利于端正服刑人员的生活态度、有利于增强服刑人员的生活能力的原则进行，特别是端正服刑人员思想和态度意义重大。对服刑人员进行思想矫正可以改变认知，促进服刑人员情感、行为倾向的改变。

通过思想矫正提升服刑人员认知水平其效果表现在：第一，改变服刑人员对物质生活的过分追求、贪欲，转而学会抑制欲念的膨胀，并学会靠正当、合法的劳动方式，去实现某些正常的物质欲望，而不是去偷、去抢、去贪等；第二，对因盛怒、忧郁等情感的失控而产生报复杀人、故意伤害等激情犯罪的服刑人员来讲，通过生活教育培养其具有通常生活所需要的高级情感，使其能够合理调节自己某种濒临失控的情感，恰当控制趋于危险的情绪，使自己保持一种正常的、健康的生活方式；第三，通过挫折教育，坚定服刑人员生活信念，使其克服挫折感，摒弃消极生活态度，使那些当初因为一点外账要不回而绑架他人，因为人际关系中小小的不如意而大动干戈伤害对方的服刑人员树立积极向上的生活态度。

通过 2012 年 8 月在新疆某监狱走访时笔者了解到，该监狱在提高服刑人员认知水平方面开展了丰富多样的活动，为进一步帮助服刑人员树立正确的人生观和价值观，提高服刑人员耐受挫折、适应环境的能力，防止服刑人员因情绪波动而引发监管安全事故，监狱思想教育科结合当时正在开展的"惜福与感恩"专题教育活动，而举办了此次活动。活动分"感恩有你，画出心中美好的梦""运用音乐疗法、意向对话等技术引导服刑人员进行互动""静思人生、惜福人生"三部分进行。在心理咨询师的引导下，服刑人员分组，画出自己的心声和对美好生活的梦想。心理咨询师读画解心结，引导服刑人员回忆自己最幸福的时光，反观自己人生成败的原因，使服刑人员真正理解"惜福感恩"的含义。一名服刑人员激动地说："自己的心情得到了放松，也学会了宽容，增强了克服困难和挫折的勇气，对今后改造生活充满了希望，也希望这样的活动能够多多举办。"提高服刑人员认知水平能从源头上切断犯罪的意识之源，利于培养服刑人员正确的认知、健康的情感、理性的思维，是克服犯罪成因的需要。

四　文化程度与思想矫正

服刑人员的文化素养是其文化知识、法律知识、伦理道德等方面知识的总和。服刑人员群体接受过不同等级的教育，具有不同的文化素养，而文化素养的高低直接或间接地影响服刑人员思想矫正的进度和效果。对于一些文化素养较低的服刑人员来说，他们没有将一些必要的社会价值和社会规范，转化为自己内心的价值观念与行为准则，在他们心里可能并不清楚许多社会规范，从而盲目地实施犯罪行为，铸成错误。还有一些服刑人员，其个人思想和生活方式及行为模式与社会环境的要求不协调。对服刑人员进行思想矫正必须根据他们现有的知识水平、文化素养、理解能力等方面的差异因材施教。矫正工作者一方面需要对他们进行强迫改造，教授给他们正确的价值观念与行为准则；另一方面需要增加他们的文化知识，提高文化素养，增强他们的法律意识。

文化影响着人们的交往方式和日常生活行为，影响着人们的实践活动、认识活动和思维方式，影响着人们的世界观、价值观和人生观。同时文化是影响人格的最大因素，人格是经由社会互动而成长的，而社会互动所牵涉的社会规范、价值、角色等皆是文化的一部分，通过思想矫正能使服刑人员学习和感知社会的价值观念和各种社会规范，去认识社会、适应社会，从而达到改造社会、调适心理、发展和完善个性的目的。在这一教育过程中使得服刑人员产生个性的发展、品德的培养、态度的形成和角色的获得等变化。由"自我"转变到"社我"，也即由未经社会文化熏陶的"我"，转变为受社会文化熏陶的"我"，来与他人产生互动，实现再社会化过程，以使服刑人员形成健全的人格，从而降低再犯罪率，维护社会的和谐与稳定。

在对湖北省武汉市某监狱进行走访和调查的过程中笔者发现，该监狱坚持以文化为引领，以美育文化、益智文化、情感文化、社会文化和健康文化等文化方式，铸就其监狱文化建设品牌。近年来，该监狱大力推进"一个监所一个品牌、一个监区一个特色"文化品牌活动，用文化教育去改造人、用文化熏陶来感化人、用先进的思想去激励挽救人，推出一系列文化视觉大餐。例如用假日亲情帮教、服刑人员音乐室、医疗远程会诊、笑脸墙、唱红歌、读经典、看红片、法律知识进课堂等监区品牌文化进行引导，从而激励服刑人员改过自新。

在武汉市的几所监狱中，各监所还通过深化教育改造模式，提炼服刑人员改造核心价值理念，规划监区文化建设远景，凝练品牌内涵和标识，举办各类丰富多彩的文体活动等方式，达到陶冶情操、净化心灵、塑造健康心理的目的，从而构建起监管安全稳定的思想基础。各监所与省文化厅、图书馆联合举办大型名著欣赏、名著导读、名家讲座、征文比赛和"中华魂书籍进监区"等系列活动，先后有 17 名服刑人员赢得读书征文比赛一等奖、二等奖、三等奖和优秀奖；该监狱率先实施监区文化"三个一"工程，建立监区文化广场、监区文化长廊、监区文化墙，提升了监区文化建设档次和品位，成为高墙内一道亮丽的风景线。

第五章　我国服刑人员思想矫正之客观因素探究

服刑人员思想矫正的效果除受主观因素影响之外，客观因素对于主体行为和思想的产生，也起着潜移默化的渗透作用，社会观念、矫正环境、矫正制度等客观因素，与服刑人员思想矫正工作的开展及其矫正效果有着直接和间接的影响。

第一节　社会观念与服刑人员思想矫正

为了惩罚犯罪，人们将服刑人员关进监狱，并将他们与社会隔离。但刑罚的执行机关——监狱长期处在一个封闭的社会环境中，使得人们对监狱缺乏了解，对服刑人员的教育改造缺乏认识，认为教育改造服刑人员是监狱机关的责任，与社会没有关系，这种观念导致人们对监狱和服刑人员知之甚少。但随着人们的经济生活和教育水平的提高，科学地认识犯罪和矫正犯罪，成为人们的思考内容，社会公众对待犯罪的心理也发生了变化，逐渐对监狱服刑人员由完全排斥到逐渐宽容，认为他们既是实施了危害社会行为的害人者，又是需要社会力量予以帮助教育的一个特殊群体。

一　重刑主义观念

刑罚源于原始社会血亲复仇思想。自从人类社会产生以来，犯罪行为与人类一直相生相伴。为了惩罚犯罪的人群，防止类似犯罪行为的发生，人类社会采取了惩罚性的刑罚。从中外监狱历史可以看出，在相当长的历史时期内，剥夺犯罪生命的死刑、残害身体的刑罚，一直占据主导地位。严刑峻法具有较好的预防功能、威吓功能，能使社会成员对犯罪后的惩罚产生害怕的心理，从而不敢犯罪。重刑治国，成为以往社会刑罚的总特征。我国有着深厚的重刑主义思想基础，并形成了相对成熟的理论体系。春秋战国时期的法家主张以严苛的刑罚威慑百姓以达到预防犯罪的目的，其代表人物如韩非、商鞅。事实上，他们主张重刑的目的，不单为禁奸止过，更重要的是威吓普通百姓，使他们不敢以身试法。早期法家重刑思想，不断被继承和发扬，一直延续到清末的刑法典中。

贝卡里亚指出："纵观历史，目睹由那些自命不凡、冷酷无情的智者所设计和实施的野蛮而无益的酷刑，谁能不触目惊心呢？目睹帮助少数人、欺压多数人的法律使成千上万的人陷于不幸，从而使他们绝望地返回到原始的自然状态，谁能不毛骨悚然呢？目睹某些具有同样感官，因而也具有同样欲望的人在戏弄狂热的群众，他们采用刻意设置的手续和漫长残酷的刑讯，指挥人们忠实于自己的原则，否则就把他们指为罪犯，谁能不浑身发抖呢？"①

对犯罪的人采取严刑惩罚犯罪，提倡"杀一儆百"，忽略其他社会防范措施如思想教育的作用，把预防、制止犯罪的希望维系在刑罚的威慑力上，这种做法过于片面。在重刑观念的影响下，人们对刑罚的剥夺和威慑功能寄予厚望，监狱行刑偏重隔离和监管，这使得对服刑人员思想的矫正受到极大抑制。此外，社会上还有不少人不能理性地对待犯过罪的社会成员，对他们抱有本能的排斥和歧视心理，缺乏关心、帮助服刑人员的责任感。"禁奸止过，莫若重刑"，这种观念至今仍存在于一些公众的意识之中。

在行刑实践中，司法工作人员对服刑人员思想矫正的问题也存在着误解和偏见。一些人认为在对服刑人员改造的过程中，侧重强调思想层面的矫正，会产生一些消极影响，如会削弱法律的惩罚功能，会使服刑人员感到监狱干警及社会矫正工作者软弱可欺，易助长服刑人员不服乃

---

① ［意］贝卡里亚：《论犯罪与刑罚》，黄风译，中国大百科全书出版社1993年版，第42页。

至抗拒改造的气焰。相当一部分司法人员形成了宁左勿右、宁重勿轻的思维惯性，唯恐受到"打击不力"的指责；在狱外执刑方式的适用上更是顾虑重重，普遍存在怕出问题、怕重新犯罪而承担责任的现象，如有的监狱机关对完全符合保外就医条件的服刑人员也不予以批准，理由就是"死了保险，保外危险"。一些司法人员怕将服刑人员放到社会后增加危险性，因此，对假释这种情形控制得很紧，不希望多办假释，宁可多减刑，也要少假释，因为办理减刑无须承担风险责任。如此而来就大大减少了服刑人员步入和接触社会的机会，思想矫正的效果将会大打折扣。

　　然而，刑罚的威慑力是有限的，重刑并不能真正使公民从主观意识上认同和接受。由于思想层面未能真正加以转变，很多服刑人员抱着"三十年后又是一条好汉"的无所谓态度，刑满释放后很有可能再次步入犯罪的歧途。随着再犯罪率的上升，出狱后的服刑人员再犯的罪行对社会的危害也越大，刑事法律对再犯罪的人处罚的力度也更大，司法实践中适用的刑罚也会不断加重。如此恶性循环下去，不利于个人的发展及社会和谐进程的推进。

　　刑法的存在对于惩治和打击严重危害社会的犯罪行为、维护社会和大多数人的利益起着重要的作用，但单纯地施以刑事处罚并不能真正达到使服刑人员悔过的目的，普通人也仅是受到一时的威慑。若没有良好坚定的政治思想立场，仍然很容易受到功利欲望的诱惑链而走险。思想教育作为一种社会实践活动，是围绕人们的思想观念展开的。人们的先进思想、观点、看法并不是生来就有的，正如恩格斯所指出："支配人们行动的动机，总是在客观上被历史状况所限制。"① 这就是说，人的思想的形成和发展，既受到客观外界条件即一定的社会环境和物质生活条件的影响，又受到主观内部因素如人的生理、心理发展状况的制约。人们良好思想政治品德的形成大多靠外部教育，但也并非一般的教育所能实现，而思想政治教育这一形式可以很好地帮助人形成思想的良好。

　　党的十八大报告中也特别指出："全面提高公民道德素质。这是社会主义道德建设的基本任务。要坚持依法治国和以德治国相结合，加强

---

　　① 《马克思恩格斯全集》第20卷，人民出版社1995年版，第40页。

社会公德、职业道德、家庭美德、个人品德教育，弘扬中华传统美德，弘扬时代新风。推进公民道德建设工程，弘扬真善美、贬斥假恶丑，引导人们自觉履行法定义务、社会责任、家庭责任，营造劳动光荣、创造伟大的社会氛围，培育知荣辱、讲正气、作奉献、促和谐的良好风尚。深入开展道德领域突出问题专项教育和治理，加强政务诚信、商务诚信、社会诚信和司法公信建设。加强和改进思想政治工作，注重人文关怀和心理疏导，培育自尊自信、理性平和、积极向上的社会心态。深化群众性精神文明创建活动，广泛开展志愿服务，推动学雷锋活动、学习宣传道德模范常态化。"

在对武汉某监狱的调研过程中，笔者专门询问了一个"三进宫"的惯偷、累犯张某。张某初次入狱年仅 19 岁，由于多次偷盗，已经在三所监狱里度过了将近 17 个春秋，当询问其为何不出狱后找个正当工作好好生活时，张某满不在乎地说："自己啥也不会，也懒得去干活工作，偷东西一点也不费劲，这样挺好。"并表示："就是被抓了也行，监狱里管吃管住管看病，比在外面风雨漂泊强。"张某的这些想法，让人感到很不可思议。但也就是服刑人员这种根深蒂固的不劳而获、享乐主义思想，导致其一而再、再而三地走上犯罪的道路。

由此可见，对于服刑人员的教育和矫正，刑罚在一定程度上只是起到惩罚服刑人员和安抚受害者的作用；而思想矫正则在转变服刑人员价值观念、培养道德情操方面，起着更大的促进作用。矫正教育工作者应摒弃单纯的重刑主义思想，在对服刑人员执刑的同时，侧重对其思想层面的矫正。同时，政府在发展市场经济、为民众提供生存机会之时，也应积极营造符合时代发展潮流的思想舆论氛围，巩固和发展有利于国家和个人发展的主流思想阵地。

二　功利主义观念

功利主义基于这样一种伦理原则：人的本性是避苦求乐的，人的行为是受功利支配的，追求功利就是追求幸福。该理论代表人物边沁以"最大多数人的最大幸福"，作为道德、政治和法律的最高原则，提出并系统阐述了功利主义思想。边沁认为，自然将人类置于两个主宰即苦与乐的统治之下，避苦求乐乃人之本性，快乐或幸福就是善，痛苦就是恶。同样，伦理学家爱尔维修认为，自爱乃人类永恒的幸福的本性，也是支配人们行动的唯一原则，人们总是逃避肉体上的痛苦，追求肉体上的快乐，力图保存自己，谋取自己的幸福。西方学者包尔生认为："纯粹利己主义主张，个人利益之为行为的唯一目的，不仅是可允许的，而且在道德上是必需的。"①

"最大多数人的最大幸福"这一功利原则不仅要求人们在做出"趋乐避苦"的行为时无损于他人的利益，甚至要求有益于他人。人的社会属性反映出人与人之间是相互联系、相互依存的，这就要求人们在追求个人利益的同时（利己），必须顾及他人和社会的利益（利他）。"纯粹的利己主义和纯粹的利他主义一样，都是行不通的。"也就是说在一个正常运行的社会，极端的个人主义和彻底的利己主义都是不可行的。对大多数人而言利己目的的实现需要以利他为基础，在行为中做到利己与利他的统一。"实际上，道德的基础不是对个人幸福的追求，而是对整体的幸福，是对部落、民族、阶级、人类幸福的追求。这种愿望和利己主义毫无共同之点。相反地，它总是要以或多或少的自我牺牲为前提。"② 也就是说，社会道德要求人性抑制利己之心，为实现一些利己的目的，往往需要以某种程度的自我牺牲为代价。因此，道德和法律的出现就有了其存在的必要性，在边沁看来，刑法的价值在于使个人利益和社会利益协调一致，正是因为刑法的有效存在，一个人不犯罪，才既符合公共利益，又符合自己的私人利益。

道德和法律的出现为更好地维护社会稳定奠定了基础。然而在资本主义发展的进程中，功利主义和利己主义是私有制的必然产物。资本主义社会是私有制的最后形态，因而利己主义也发展到了顶峰，在商品经济利益的推动下它表现为唯利是图、自私自利、尔虞我诈、金钱至上，等等。全球经济发展的一体化使中国跻身国际化市场，国与国之间的经济交往也带来了文化和思想的碰撞与融合。对外开放给中国带来发展的同时，一些西方国家由功利主义和合理利己主义演变而来的腐朽颓废文

---

① ［德］弗里德里希·包尔生：《伦理学体系》，何怀宏、廖申白译，中国社会科学出版社1988年版，第379页。

② 《普列汉诺夫哲学著作选集》第1卷，生活·读书·新知三联书店1959年版，第55页。

化和思想也慢慢地渗透进来。其中最为明显的表现形式是极端的利己主义。极端利己主义是利己主义诸形式中最粗鄙的一种表现形式，它把个人利益的基础建筑在损人之上，信奉损人利己，并以损人利己为最大的善。"即我是通过我使别人受到损失的办法来为我自己取得利益。"① 极端利己主义，用个人利益对抗社会利益和他人利益，既严重违背了真实集体中个人与集体之间相统一的关系，而且在实践上于他人、于社会、最终于自己都是极其有害的。

现如今由于一些人的政治立场不坚定，或者盲目崇洋，导致极端利己主义思想在监狱及矫正工作者群体中不同程度地存在着，其具体表现为以下几种形式。

第一，在教育目标上，重效益、轻效果。服刑人员思想矫正的目标是将服刑人员矫正成为合格良好的公民，刑满释放后能够回归社会做有益于社会和他人的人，在教育过程中矫正工作者应关注服刑人员身心的全面发展和可持续发展。然而，鉴于监狱经费的紧张，监狱要想解决经费不足的困境，必须自力更生，在一定程度上实行"以监养监"的政策。因而在发展监狱经济过程中出现了一系列问题。如在发展监狱经济方略的影响下，某些监区、分监区的工作重心产生了严重偏离。出现了挤占罪犯法定学习时间，甚至是休息时间进行生产劳动的情况。个别单位由于生产场所有限，变罪犯教育所必需的教室、会议室、阅览室、娱乐场所等为监狱生产车间；从而使罪犯只知道生产，对自身的恶习改造无暇顾及。由于市场经济的影响，监狱生产什么不再严格执行监狱的有关工作方针，公然违背国家相关法律法规，一切向"钱"看齐。哪种产品经济效益好，就盲目生产哪种产品，置罪犯身体健康于不顾。往往采用简单的生产办法、加强劳动强度和延长劳动时间的方式，追求监狱经济效益最大化。

第二，在教育行为上，背离教育规律，重结果、轻过程。由于监狱考核名目繁多，很多考核内容侧重以服刑人员不出事、不闹事为原则，在功利思想的影响下，导致一些矫正工作者责任意识淡薄，往往持有"安全第一最重要，只要服刑人员不脱逃、不暴动，多一事不如少一

---

① 《马克思恩格斯全集》第 3 卷，人民出版社 1995 年版，第 479 页。

事"的观念。习惯于用制度的条框来约束服刑人员，以冷冰冰的执法者面目来对待服刑人员，在教育改造模式上程式化、单一化，忽略服刑人员的思想动态，不能满足服刑人员个体不同的精神思想需要，难以激发、调节服刑人员的情绪机制。往往采用的是"大统一"模式，对服刑人员个性上的特点无暇顾及，甚至无法"容忍"，这样，在监狱名目繁多的考核压力面前，监狱过多看重考核的结果，并没有真正从服刑人员改造效果层面加以教育和重视，实际过程表现为一些服刑人员表面上服从任务安排，完成规定的各项要求和指标，但思想和心理层面并没有真正转变，为将来服刑人员步入社会再次犯罪造成"二进宫""三进宫"埋下了隐患。

第三，劳动改造是矫正服刑人员的基本手段之一，但在实践中常常成为主要手段甚至唯一手段，表现为法律规定与法律实施的矛盾。在法律社会学的视野里，法律规定是一回事，法律的实施是另一回事。法律的实施有赖于一个良好而协调的条件和环境，否则，法律规定只是徒具形式而已。尽管在新中国监狱发展历程中，有多个法律规范就服刑人员劳动做出了非常合理的规定，服刑人员劳动表现为强制性或一定的强迫性，但服刑人员劳动并不是法律上规定的唯一改造手段。1994 年《监狱法》明确规定了三大手段，但最有效、最直接、最便利、最实惠的是服刑人员劳动。尽管随着国家市场经济体制的逐步确立和我国加入世界贸易组织，以及知识经济的到来，对服刑人员的劳动改造不应以实现利润最大化为目的，但由于种种客观因素，服刑人员以劳动的形式加以教育，在实践中往往取代了其他改造手段，或者说，其功能发生错位。表现在：其一，只注重单纯的劳动，矫正教育工作者未能在服刑人员劳动的过程中引导他们并让他们意识到劳动是光荣的事情、有辛勤的付出定会有相应的回报等观念，忽视了对服刑人员在劳动过程中的教育。其二，一些基层民警把劳动改造绝对化，认为劳动好就是改造好，认为监狱经济效益好就是改造质量高。当前，考核服刑人员、对改造表现好的人员给予奖励，劳动考核占了主要方面。并且，只要服刑人员劳动表现好，完成任务量多，民警就认为其改造表现好，给的奖励就多，以致一些服刑人员产生认识偏差。他们片面地认为，改造就是劳动，劳动衡量一切。然而，服刑人员的劳动能力和劳动业绩并不能准确反映其改造表现。把以个人能力为基础获取的劳动业绩，作为考核服刑人员改造效果的主要内容和标准，既不够科学也不公平。这样，劳动技能差、年龄大的服刑人员，只能望奖励兴叹，久之，就对劳动改造失去信心，并产生不公平的感觉。其三，服刑人员劳动报酬发放制度不完善。有的没有及时发放，有的发放报酬时按劳取酬体现不充分，或对劳动成果的认定不公允，使服刑人员感觉付出与收获不成正比，因而对劳动产生无奈之感。这样，就在一定程度上歪曲了服刑人员劳动的改造功能。

在进行访谈的过程中，对于服刑人员劳动改造方面，有个别服刑人员说："在这里倒是可以教我们点技术，为了服从安排，就先学着吧，估计出去时用不上，方法形式太老了，我出去打算接着做我的小本生意。"（被访谈人3）① 也有人说："我以前在里面学了点活，在里面倒是挺有用的，干得多学得多能减刑，可是现在出来了，反而没派上什么用场，学了的又都还回去了。"（被访谈人4）从这些回答可以看出，监狱的劳动需要一些改进。

同时与矫正工作者个体主义意识相对的是，服刑人员犯罪的动因往往是受到极端利己主义的影响，好逸恶劳、盲目攀比、腐化堕落是其具体的表现形式，在欲望的诱惑下一步步走向犯罪的深渊。服刑人员在执刑过程中，也倾向于以强调个体权利不可侵犯的极端化公平、正义来应对矫正工作者。因此服刑人员在改造过程中，也只是体现为低效的表面化的改造，不能使服刑人员真正从思想层面得到矫正。

犯罪问题是影响社会稳定发展、和谐社会构建的重要阻碍因素之一，重视思想矫正工作对于巩固马克思主义的指导地位，坚持社会主义的政治方向有着深远的意义和作用。一方面，对矫正教育工作者而言，应培养良好的职业道德，塑造积极的心态，服刑人员也是社会组成的一部分，有相当比例的服刑人员并非本质恶，若能矫正犯罪之前的错误认识，使其树立正确的价值观，刑期届满之后走向社会仍然能发挥正能

---

① 笔者采用质性研究访谈方法，从武汉某监狱抽取狱警1人，某社区矫正负责人1人，3名狱内行刑的服刑人员及其家属2人，刑释人员1人，共计8人进行了深入访谈，了解各方人士对服刑及刑释人员的思想矫正问题的看法。下文标注了被访谈人编写的文字即为访谈记录。其中被访谈人1、2、3为服刑人员，被访谈人4为刑释人员，被访谈人5、6为家属，被访谈人7为社区矫正负责人，被访谈人8为狱警。

量。如果矫正工作者将对服刑人员的矫正视为医生与患者的关系的话，那么服刑人员思想顿悟和良心的发现，会使矫正工作者感受到莫大成就感。另一方面，教育者应对服刑人员给予充分的尊重。在思想矫正的过程中，矫正工作者可以借鉴和运用功利主义及合理利己主义的理论精髓，向服刑人员教育和传播符合社会发展规律的价值观念和思想，使其懂得在实现自己的利益的同时，也要为他人、为社会创造价值。

第二节 矫正环境对服刑人员思想矫正的影响

一 监区环境与服刑人员思想矫正

传统意义上的监狱执刑宗旨是使服刑人员与社会相隔离，以消极的方式使服刑人员无法再危害社会。"监狱的首要原则是隔离。使罪犯与外部世界、与促成犯罪的一切事物、促成犯罪的集团隔离开，使犯人彼此隔离开。"① 在米歇尔·福柯的眼里，监狱作为一种"彻底的规训机构"，它最大限度地强化了在其他规训机制中也能看到的各种做法，它针对服刑人员的所有方面——身体训练、劳动能力、日常行为、道德态度、精神状况——强制实施一种全面的教育：在监狱中，政府可以任意剥夺犯人的人身自由和任意处置他们的时间。它可以不仅在一天之内，而且在连续的岁月里管制起床和睡觉、活动和休息的时间，吃饭的次数和时间，食品的质量和份额，劳动的性质和产品，祈祷的时间，语言的使用，甚至思想的使用。总之，这种教育就是简单地控制着肉体在餐厅到车间再到囚室之间的运动，甚至在休息时也是如此，这种教育占据了整个的人，占据了人的全部体力和道德能力，占据了人的全部时间。②

由于多数监狱基本上是不同刑期、不同犯罪类型、不同年龄、不同经历的服刑人员混押的状况，存在一些未成年犯、过失犯经过改造后，不但没有被教育好，反而出狱后成为更老练、更成熟、更狡猾的罪犯的

---

① ［法］米歇尔·福柯：《规训与惩罚》，刘北城、杨远婴译，生活·读书·新知三联书店2003年版，第265页。

② 同上。

情况，这加重了社会的负担，成为社会不稳定、不和谐的因素。

显然，监狱的封闭环境与正常社会生活的巨大反差，必然影响到服刑人员矫正的效能，并最终制约服刑人员再社会化的过程。犯罪学的研究成果证实，人们适应社会的能力与犯罪的发生之间存在着非常直接而且显著的正相关关系，适应社会的能力越差，越难以融入主流社会，犯罪发生的可能性就越大。如美国学者巴特勒斯指出："将一个人数年之久关押在高度警戒的监狱里，告诉他每天睡觉、起床的时间和每日每分钟应做的事，然后再将其抛向街头并指望他成为一名模范公民，这是不可思议的！"[①]

犯罪学研究表明，服刑人员的家庭和社会资源，是帮助服刑人员改过自新的重要支持系统，是任何其他力量都不可能取代的改造力量，监狱单一化、隔离化的环境会导致服刑人员的情感残缺，不可能达到良好的矫正效果。所以，在监狱营造温情、感化的矫正环境下，利用亲情会餐、亲情热线、亲情帮助、特优会见、特困帮扶、离监探亲等多种形式进行感化教育，充分发挥亲情的吸引力、亲和力、期盼力。这些活动的开展，是充分利用家庭和社会资源对服刑人员进行思想矫正的一种主要方式。此种监区环境的营造，是国际发展的潮流和趋势，更是服刑人员人权保障的重要体现。

二 社会支持度与服刑人员思想矫正

社会各界应对教育改造服刑人员进行教育扶助。教育改造服刑人员，教育场地是前提，教育设施是基础，教育师资是关键，教育经费是保障，教育资料是保证。由于服刑人员教育没有被纳入地方教育规划，致使监狱教育资源极度匮乏，投入严重不足。监狱教育资源的匮乏严重制约了教育改造工作的深入发展。教育改造服刑人员是一项系统的社会工程，需要社会进行多方面、多部门的关心和支持。对服刑人员进行文化教育需要教育部门统筹规划，提供师资，开展业务培训，给服刑人员颁发证书；对服刑人员进行职业技术教育培训，需要劳动和社会保障部

---

① ［美］巴特勒斯：《矫正导论》，孙晓雳译，中国人民公安大学出版社1991年版，第130页。

门纳入再就业培训规划，与监狱共同拟定服刑人员职业技术教育培训的项目、方案和计划并组织实施；对服刑人员出监前的教育更需要公安、劳动和社会保障、民政、工商等部门宣讲就业安置政策。总之，搞好服刑人员教育改造需要整合社会各界教育资源，需要社会各方面力量的参与和支持。

社会公民应有宽恕谅解的道义。想起服刑人员的残暴行为，受害者的心总是久久难以平静，社会公众也往往难以释怀。但他们毕竟为自己的犯罪行为付出了沉痛的代价：有的付出了丧失生命的代价，更多的人付出了失去自由的代价。铁窗之前，很多人终日以泪洗面，夜不能眠，后悔不该当初；高墙之下，大多数服刑人员积极劳动，认罪服法，立志重新做人。他们的忏悔或许可以使受害者得到安慰，他们积极改造可以告慰世人原来服刑人员可以教化。古人云：过而能改，善莫大焉。包容是一种胸怀，宽恕是一种美德。中华民族自古以来就有一笑泯恩仇的优良品质，有以德报怨的宽广胸襟，有冤冤相报何时了的大仁大义。如果我们始终对服刑人员抱有成见，唾骂他、仇恨他、歧视他、抛弃他，他怎么能潜心向善？怎么能与人相处？怎么能安身立命？怎么能立足社会？监狱本身就是一道有形的墙，把服刑人员和世界隔离开来，使人们免受纷扰。如果我们不包容服刑人员，则又会形成一道无形的墙，把我们和服刑人员隔绝起来，这道墙将越变越长，越变越厚，他们的生存空间何在？他们的心灵家园何以重建？

笔者在走访扬州某监狱时，正值监区组织警示教育汇报表演，"女儿声声呼唤，撕碎妈妈的心，催促着妈妈重新做人……""那一天，雨儿下个不停，我离开了生我养我的妈妈……高墙内叫一声妈妈，女儿今天跪在铁窗下，求妈妈把女儿领回家"。

一曲《女儿的呼唤》，一曲《期盼》情景剧里真切的告白和如泣如诉的真心忏悔，深深触动着参加警示教育的扬州某区党政机关数十余名领导干部的心灵。

台上，那整齐划一的动作，那渴望回家的眼神，真实地表达出服刑人员渴望自由、渴望新生的心声，她们声泪俱下的表演，让偌大的会场变得鸦雀无声。台下，接受警示教育的人，触景生情，心痛如绞，无不为这些曾经有大好前途的服刑人员惋惜，同时也反思和检查着自己的人生观、世界观和价值观。

为了进一步做好警示教育工作，充分发挥好警示教育基地的作用，监狱应创新工作方法，丰富教育方式，改变过去一味或简单地让接受警示教育者参观监狱管理教育场所、听职务犯罪者现身说法等固定模式和单一的教育方法，使教育内容更富含情理，真正起到让服刑人员触动心灵，增强认识，达到入脑入心的目的。这样一种社会的关注以及亲情的温暖，会形成服刑人员积极改造的强大动力。

另外，笔者还利用质性研究的方法对武汉某监狱的服刑人员及其家属、刑释人员、社区矫正负责人等进行了"社会支持对服刑人员矫正的影响"的访谈，以期从中得出一些直观认识。

家人支持方面：自从我犯事后，爸妈一直都在鼓励我积极改造，家里亲戚也都时常惦记我，他们还经常关照我爸妈，真的很感动。（被访谈人3）

我是在父母争吵的日子中长大的，我爸在我小的时候也经常打骂我，或许是因为我现在进来了，家里的气氛也缓和多了。自打进来后姐姐对我还行，有时来看我并给些小钱，而哥哥则嫌我丢人，基本没来看过我。（被访谈人4）

都怨我们当大人的没有管教好唯一的儿子，现在都没脸见人了，亲戚家都很少串门走动了，都不知道跟别人说什么好。（被访谈人5）

我这进来之后，平时就我妈妈和我大姐来看我，而我爸跟我二哥基本没来过，嫌我做了这种事丢人，现在我的孩子一直由我大姐在照看，她真的挺不容易的。（被访谈人1）

朋友支持方面：以前我在公司里是负责揽业务的，很多时候都在外面建立关系，也结识了不少人，然而生意场上都是酒肉朋友，基本上没有真哥们儿，你想连自己老婆在我进来后都也丢下家走了，那些面上的人就更靠不住了。进来后倒是有几个能聊得来的哥们，大家或许遭遇的境况类似吧，都彼此互相关照着，一起聊聊天，互相鼓励着。（被访谈人1）

以前几个玩得好的哥们现在有时也想来看我，但管理员不怎么让他们常来，只要有心，我心里都挺安慰的。（被访谈人3）

我那几个兄弟还算有良心，我在里面的时候时不常地来看下我，平时还常去我家代我看看我父母，算我一个人进去把他们的罪也一起受了没有白费。现在我出来了，他们想帮我找个活做，可他们本身都没混出个样儿来。（被访谈人4）

唉，我儿都是跟上他那些狐朋狗友才弄到现在这个样子。等他将来释放后，一定再不能跟那些人来往了，害人不浅啊。（被访谈人5）

社区支持方面：我爸妈是在单位机关宿舍里住着，邻居都是爸妈的同事和朋友，我这一出，弄得街坊四邻都知道了，也让我爸妈颜面扫尽，丢了人，所以现在我爸都没怎么来看过我。（被访谈人1）

我家住的小二楼，警察来抓孩子的时候街坊邻居都看到了，议论纷纷、指指点点的很多，我和孩儿他妈都没脸出去见人，但总是要生活的啊，过了一段时间我们也看开了，嘴是长在别人身上的，想议论就议论吧。（被访谈人5）

俺村总共就那么大一点儿，谁家有个啥事一下就传开了，况且是我这种丢脸的事，所以以后出来了俺也再不回去了，没法挺起腰板做人了。（被访谈人2）

现在小区对门都彼此不知道对方是谁，大家各过各的日子，也没什么太大的影响。（被访谈人3）

目前基本各司法局下建立安置办，年末都会把所辖区的服刑人员征集到一起进行慰问，派发一些节日的慰问品，关心一下需要解决的问题。（被访谈人7）

总体来说，家庭、社会及监狱部门的关爱是服刑人员矫正的重要动力，尤其亲情对服刑人员有很重要的影响，亲人态度的好坏对服刑人员思想转变会产生促进或阻碍作用。监狱目前是服刑人员主要的服刑场所，狱警对待服刑人员的态度以及监狱环境的营造，对服刑人员的矫正也有直接的影响。社会是服刑人员刑释后生存的场所，社会的接纳和认同度是服刑人员再社会化的影响因子。但目前社会对服刑人员总体认同度还不是很高，并且服刑人员家属受社会环境的影响也较大，多数认为是很不光彩的事情，从而对入监的服刑人员的关注度也降低。因此需要加强亲情帮教力度，逐渐改变社会对服刑人员冷漠和排斥的态度，完善社区矫正工作的各项体制，营造服刑人员思想矫正的软环境，从而使其顺利回归社会。

第三节　矫正制度对服刑人员思想矫正的影响

一　主体规范制度与服刑人员思想矫正

在实践中，我国服刑人员矫正教育者主体存在不统一、多元性和太分散的特点。狱内行刑的服刑人员通常由监狱进行监督和教育，而监狱狱警通常是身兼数职，对服刑人员的监管和教育大包大揽，而狱警由于能力和知识水平参差不齐，擅长对服刑人员进行监管但可能做不好服刑人员的思想矫正工作。虽然现在监狱也有思想政治教育科、狱内侦察科、刑罚执行科等较为详细的科室分类，但监狱工作者的职业准入和职能分配还比较粗糙，同时，狱警的整体素质还有待提高。

狱外行刑的服刑人员管理由哪个机关负责执行，一直是困扰我国服刑人员社区矫正的核心问题。最高人民法院、最高人民检察院、公安部、司法部《关于开展社区矫正试点工作的通知》中，确立了社区矫正由"政法委统一领导、司法局组织实施、政法各部门协作配合、司法所具体执行"的工作格局，这虽然加强了对社区服刑人员的监管，但在实践中，由于多个部门共同管理，容易出现多头指挥、多头交办任务、多头检查、多头要数据材料的现象，在一定程度上存在着职责不清、界限不明、衔接不利、效率不高、都负责又都不负责的问题。事实上，不论是侦查、审判，还是对服刑人员的惩罚和矫正，都是专业性极强的工作，只有专业化的职业群体才能胜任。对于狱外服刑人员刑罚的执行，并非是公安机关的主业。

随着社会转型和体制转轨，各种利益矛盾和社会问题不断涌现，公安机关更多承担着维护社会治安、刑事侦查的工作，对狱外执刑的服刑人员难以进行良好的教育和监督，在事实上造成了狱外服刑人员"缓刑即无刑""假释即真释"的尴尬局面。

实际情况中，服刑人员的狱外执刑，往往由司法行政机关来执行，其流于形式的现象日益严重。按照国家机关权力分工的特点，各个国家机关应当各司其职，不能越权。由于基层司法行政机关不属于公安机关，执行刑罚属于超越权限，不符合法律规定；基层司法行政机关对狱外行刑的服刑人员采取监管矫正没有法律授权，职责不清，不利于基层司法行政机关作用的发挥。此外，由于社会其他组织及志愿者在实践中也担负着矫正职责，对于此种主体的多元化状况，如果没有统一的准则规范，则难以形成统一的管理，容易造成职责不清、监管不力等情形，破坏国家行刑制度的统一性，造成矫正监管工作与法律的要求相脱节，无法使行刑权力资源产生最佳的效益，也难以贯彻宪法所要求的各司法机关之间分工负责、互相配合、互相制约的法律原则。由于现行法律、法规未制定相应的准则，狱外行刑责任主体的多元化，不仅导致了服刑人员思想矫正工作的分散与不协调，不利于宏观管理，也容易造成权责不明确，容易导致服刑人员思想矫正工作的低效率。

二　个体激励制度与服刑人员思想矫正

服刑人员奖惩工作是监狱激励服刑人员改造的一项重要措施，对服刑人员的奖惩包括行政奖惩、刑事奖惩两个部分。一些监狱积极创新奖惩机制，实现了服刑人员奖惩机制的科学化、规范化。但是随着社会法制的不断进步，监狱机关如何及时有力地推进服刑人员奖惩工作也面临着新的形势和挑战，特别是老病残服刑人员、职务服刑人员的服刑管理还面临着一些新的困难。我国正处于社会转型时期，狱外行刑的社区矫正就是新时期出现的对服刑人员矫正教育的一种新的手段，如何进一步做好服刑人员奖惩工作，使服刑人员狱内矫正和社区矫正能够更好地结合起来，是一个十分重要而紧迫的课题。

（一）缺乏相关法律规范，法律约束力不强

当前，只有《监狱法》对服刑人员的日常考核、服刑人员的行政与刑事奖励制度做了概括性的规定，不具有可操作性，关于如何对服刑人员进行考核、采取何种形式的奖罚等没有做出明确具体的规定，监狱在对服刑人员进行考核和人民法院办理服刑人员减刑、假释案件时缺乏法律依据。一方面，监狱系统内部对服刑人员的考核各自为政，没有普遍的约束力；另一方面，人民法院只是将监狱的考核作为减刑的重要依据，对其判刑裁决权并没有约束力。致使不同时期、不同地区同一考核结果获取的减刑奖励幅度不同，如某省法院系统对呈报减刑材料且有财产附加刑的服刑人员，通过收取罚金实现减刑，形成了"多缴罚金多减

刑，少缴罚金少减刑，不缴罚金不减刑”的现实局面，使考核不能真正发挥作用，挫伤了民警工作热情和服刑人员改造积极性，丧失了服刑人员考核应有的严肃性和科学性。

（二）设计时间过于久远，缺乏时效性和统一性

当前监狱考核奖罚制度为1990年8月司法部颁行《司法部关于计分考核奖罚服刑人员的规定》，其内容已显陈旧。新时期对监狱工作提出了许多新要求，原有的考核制度已难以适应新形势的发展需要。各地监狱为适应形势发展变化，对考核奖罚服刑人员的规定进行了相应修改，但由于考核奖罚方法、标准、尺度，以及减刑幅度、假释中的适用标准差异较大，严重影响了监狱执法的统一性和严肃性。如跨省调动的服刑人员对换监后的考核分折换不一样感到难以理解，甚至不能接受而产生强烈的思想波动，严重影响监狱安全稳定。

（三）设计内容存在缺失，对服刑人员的行刑过程未能完整体现

以浙江省监狱系统的考核制度为例，其内容的不完整性体现在：一是出入监教育内容没有完整的规定，其服刑人员月考核分统一定为2分，没有体现个体差异，也导致对服刑人员的考核存在断层；二是与《监狱服刑人员行为规范》结合力度不够，行为规范第38条有部分内容未在考核办法中体现，《监狱服刑人员行为规范》的矫正激励精神未充分得到贯彻落实；三是包括行政奖惩、物质奖励、刑事奖惩、分级处遇在内的对服刑人员的管理规定过于简单或过于模糊，缺乏可操作的依据；四是缺乏考核复议与监督制度，导致在考核中的错误难以得到及时的监督和修正。

（四）相关条款缺乏科学性，可操作性不强

当前的服刑人员考核奖罚制度在设计思路上存在几个缺点，影响了其实际操作性。

一是重处罚，轻激励。监狱的工作方针是“惩罚与改造相结合，以改造人为宗旨”，这决定了对服刑人员的改造手段，是以激励为主，以处罚为辅。而当前对服刑人员的考核手段主要是固定的月基础分，按服刑人员的违规情况进行处罚，奖励措施较少，难以调动服刑人员的改造积极性。

二是重劳动改造，轻思想教育改造。由于目前对监狱的财政投入不

足，出于激励服刑人员劳动改造积极性的需要，对服刑人员的考核计分主要是以其完成生产劳动情况来评价，劳动改造月奖分最高可占服刑人员月考核分的70%，出现了一些主观恶性较大、并无多少悔意的服刑人员因获劳动考核高分及奖励而获减刑、假释的不合理现象。而思想改造内容宽泛无边，难以操作，使思想改造在服刑人员实际考核中所占比例偏小，与"突出思想教育改造"的原则背离。

三是重共性，轻个体。如对劳动改造方面的考核仅以岗设人、以岗定分，或以创造的经济效益作为考核依据，导致在平等的竞争环境下，服刑人员间因年龄因素、身体状况、智力体能、技能以及工种等方面的差异，所获得的考核分不同。同时，对老、病、残，死缓犯，余刑不足一年的服刑人员等特殊群体，缺乏有针对性的考核办法。以下是进行质性访谈时服刑人员关于奖惩制度的态度和看法。

对狱内的奖励制度，我个人感觉还是比较满意的，平时规定我们干活是按分进行，挣的分越多就越可能被减刑，我今年就被减了一年呢，这样下去就有盼头了。（被访谈人1）

俺看也不怎么公平，尤其是对俺们这种家里也没什么势力的，不过俺也不想早出去，出去也找不着事干，所以减不减刑对俺无所谓。（被访谈人2）

我比较满意，我年轻，干得多，而且参加比赛还得过奖，被减了六个月。（被访谈人4）

关于减刑是有明确规定的，而且这块也不光是监狱管，最后要法院裁定，检察院还要监督我们呢。要说衡量标准有法律规定，主要就是认罪态度如何，是否积极参加劳动，是否有重大立功表现，是否获过表彰等，很多犯人都能得到减刑。（被访谈人7）

从上述服刑人员的叙述中可以看出，奖惩制度主要是从劳动方面进行衡量，思想层面考虑的成分相对较少。而且在完善奖惩制度方面还应注重考虑一些服刑人员从狱内到狱外行刑，若在狱外行刑时违反相关规定可能收监行刑等具体制度。

第六章　服刑人员思想矫正之完善对策发掘

思想是人们行为动力的源泉，转变人们的思想就可以改变人们的行为。服刑人员犯罪的思想是犯罪行为发生的原因，通过发现其思想中不健康、不合理的方面，采取心理矫正、道德教育、价值观教育等方法对其思想进行矫正，达到从心灵深处转变服刑人员思想的目的。

第一节　矫正观念的转变及其作用

一　人权观念与思想矫正

服刑人员原来并非罪犯，也不会永远是罪犯，大多数服刑人员人生会经历这样一个过程：公民—犯罪嫌疑人—被告人—服刑人员—公民。服刑人员享有权利不是由于政府的恩赐，而是因为服刑人员是人，而享有人的固有尊严、权利。每一个人，不分种族、肤色、性别、语言、宗教、政治、国籍、财产或社会出身，在尊严和权利上一律平等；人人都享有法律平等的保护，不受任何歧视；每人都拥有在法律面前平等的人格，不得被奴隶或奴役，不得加以酷刑，或施以残忍的、不人道的或侮辱性的待遇或刑罚；当宪法或法律所赋予的基本权利遭受侵害时，每个人都有权得到法律的保护。

（一）树立服刑人员人权保障观念，为服刑人员思想矫正奠定基础

对服刑人员进行思想矫正，是一项重塑人、再造人的重大工程。服刑人员也是公民，除被法律剥夺的那部分权利之外，服刑人员的权利和

普通公民的权利是一致的。只有将服刑人员当人看，确认服刑人员作为人的资格，承认服刑人员也有感情和思想，承认服刑人员作为人享有的人身安全不受侵犯，人格尊严得到尊重，接受教育，获得发展以及衣、食、住、医疗卫生等诸多方面的基本权利和自由，才能真正触及服刑人员的灵魂，才能真正影响、感化服刑人员，调动服刑人员自觉矫正的积极性和主动性，促使其思想得到根本的转化，矫正服刑人员扭曲的人格和犯罪恶习，将服刑人员转变成合法的公民。正如南非宪法学家阿瑟·查斯卡勒斯指出："只有我们愿意保护我们之中最恶劣的、最软弱的人，我们才能确保自己的权利受到保护。"①

（二）树立服刑人员人权保障观念，是国家保护服刑人员权利的义务体现

服刑人员虽然是触犯法律的人，但其作为人、作为公民的身份并未发生改变，因此他们仍然享有公民的一些基本权利和义务。"一个人有责任不仅为自己本人，而且为每一个履行自己义务的人要求人权和公民权。"② 在进行服刑人员思想矫正的过程中，保护服刑人员的合法权利，并使之得以顺利实现，是国家的一项重要义务。服刑人员作为公民享有的权利也就是监狱和社区矫正机构承担的法律义务，如基于服刑人员享有的人身权利，监狱机关不得对服刑人员实行殴打、体罚、虐待等行为。另外，由于服刑人员所处的环境和特殊的人身状态，要求矫正工作者需按照法律的规定对待服刑人员享有的权利，如服刑人员的申诉权、控告权、检举权、通信权、会见权、受教育权、合法财产所有权、获得减刑假释权、医疗卫生保障权、婚姻家庭权及生存权等，都需要司法机构和矫正工作者依照法律加以保障。

（三）树立服刑人员人权保障的观念，是推进法治化进程的重要条件

建设社会主义法治国家，是中国社会主义现代化的重要目标。法治国家是我国富强繁荣的理性选择、必然抉择。社会主义的民主制度需要以法治国家的形式来实现。没有法治，就没有社会主义民主。民主、人

---

① 孙丽：《谁能决定死刑的存废》，《检察日报》2005 年 6 月 25 日第 3 版。

② 《马克思恩格斯全集》第 16 卷，人民出版社 1995 年版，第 16 页。

权是法治的目的和内容，法治是民主和人权的国家形式。

　　只有在对公民权利尤其是弱势群体的权利进行切实保障的前提下，才有可能建立起真正的法治国家。在罪犯权利保护与法治建设的关系中，服刑人员的权利保护对于法治建设来说尤为重要。从法治的角度去分析，监狱法治作为人类文明与进步的共同成果，重要的一方面就是要保护服刑人员的合法权利，才能体现人权和人道的精神，推进国家的法治化进程。从人权的角度去分析，承认和保护服刑人员的权利，对于服刑人员来说，能够在社会关系的构建中体会到自身存在的价值，同时也是服刑人员享有人格和受尊重的具体表现，体现了人格平等性的价值。我国在服刑人员改造过程中，充分重视服刑人员的权利保护，例如武汉市某区监狱相关负责人谈到，监狱、司法所及其工作人员及时对服刑人员的思想动态、行为活动进行跟踪，确保服刑人员的思想状况符合当前社会道德的要求，同时，严格规范执法工作者的执法行为，防止警察违规、违纪、违法行为的发生，维护服刑人员的合法权益。尊重服刑人员的基本权利，用制度保护服刑人员的合法权益，增强了服刑人员对社会的认同度和满意度，从而在一定程度上降低和减少了再犯罪率，对和谐社会的稳定发展起到有利的促进作用。

　　在保护服刑人员权利方面，我国个别城市走在前列。2010 年 7 月 9 日，上海市监狱管理局发布了《关于服刑人员自主选择发型范围的通知》，该通知在上海市各监所、监狱总医院内执行，上海市各监所的男性服刑人员可自主选择平头、寸发和光头三种发型。此外，上海市监狱管理局还在各监所逐步推行《文明执法十项措施》，力图从人格权、健康权、通信权、个人合法财产权、与亲属会见权和学习权等方面，在法律框架内给服刑人员更多的自由度。这十项措施具体包括：以书面形式告知每一名服刑人员所享有的基本权利；每年对服刑人员进行专项健康检查；为服刑人员与亲属间会见提供便利；服刑人员打电话，在通话次数、通话时间、通话的对象范围方面减少限制；服刑人员可以佩戴手表；设立狱内服刑人员消费维权站；准许服刑人员使用收放机作为学习用品，并保证自修大专以上学历服刑人员的复习迎考时间；为相对集中的分监区外省籍服刑人员公费订阅地方报刊；干警对服刑人员进行集体教育和对外省籍服刑人员进行个别教育时一律使用普通话，其他公务场合使用普通话。① 这十项措施的推行，体现了我国监管的文明和进步，也推动了其他省市重视服刑人员的权利保障工作。

二　社会观念与思想矫正

心理学中的"标签效应"认为，一个人被别人下了某种结论，就像商品被贴上了某种标签。心理学家克劳特曾做过这样一个实验：他要求一群参加实验者对慈善事业做出捐献，然后根据他们是否有捐献，分别说成是"慈善的人"和"不慈善的人"。相对应的，还有一些参加实验者则没有被下这样的结论。过了一段时间后，当再次要求这些人捐献时，发现那些第一次捐了钱并被说成是"慈善的人"，比那些没有被下过结论的人捐钱要多，而那些第一次被说成是"不慈善的人"，比那些没有被下过结论的人捐献得要少。这个实验说明，当一个人被一种词语名称贴上标签时，他自己就会做出印象管理，使自己的行为与所贴的标签内容相一致。这种现象是由于贴上标签后而引起的，所以称为"标签效应"。②

对服刑人员而言，当其行为被法院判定为犯罪，按照法律规定执行刑罚的时候，服刑人员就像被贴上"犯罪标签"一样，在刑满释放后常常会遭到社会的歧视和排斥，社会的这种态度和观念不利于服刑人员回归社会后重新开始生活，有时还会成为服刑人员再次犯罪的诱因。

对待刑满释放后的服刑人员，需要社会更多的包容和理解，曾经犯过罪，并不等于以后还会犯罪。"你的包容谅解如一缕清风，使罪犯如释重负；你的教育关爱如一泓清泉，使罪犯饮之如饴；你的患难相助如一滴甘露，使罪犯提振精神。你的道义给罪犯增加改造动力，为社会播下和谐种子。"③ 因此，转变对服刑人员陈旧的观念和态度，积极为服刑人员提供支持、包容的社会平台，通过宣传媒体为社会提供正确的舆论导向，使人们用发展的眼光看待服刑人员，会更好地提升服刑人员的

---

① 《上海服刑人员不再强迫剃光头，3 种发型可自选》，《中国青年报》2004 年 4 月 19 日。

② 《标签效应》，http：//www. docin. com/p－329845912. html。

③ 《教育改造服刑人员是全社会的共同责任》，http：//www. sc. xinhuanet. com/content/ 2010－11/29/content。

矫正效果，降低社会发展中的不稳定因素。具体而言，转变社会公众对服刑人员的态度，应做到以下几点。

第一，社会公众应持宽恕谅解之心。提起服刑人员的残暴行为，受害者的内心总是久久难以平静，社会公众也往往难以释怀。但服刑人员毕竟为自己的犯罪行为付出了沉痛的代价：长时间的铁窗生活，失去人最宝贵的自由。绝大多数服刑人员入狱后对犯罪行为感到后悔，悔不当初，积极劳动，认罪服法，立志重新做人。他们的忏悔或许可以使受害者得到安慰，他们积极改造也向社会显示了服刑人员可以重新做人。古人云：过而能改，善莫大焉。包容是一种胸怀，宽恕是一种美德。中华民族自古以来就有一笑泯恩仇的优良品质，有以德报怨的宽广胸襟，有冤冤相报何时了的大仁大义。如果我们始终对服刑人员抱有成见，唾骂他、仇恨他、歧视他、抛弃他，服刑人员便无法做到潜心向善，无法做到与社会中的其他人平等相处，因而也就无法正常开展自己的生活。我们的社会需要有包容的心态，对于重返社会的服刑人员，人们应给予更多的关爱，撕去我们内心贴在服刑人员身上的"标签"。

第二，社会应对服刑人员有更多的关爱和教育。高墙电网阻隔了服刑人员与外界的联系，服刑人员的爱情体验少了，亲情联系少了，友情感受少了，他们的情感世界一下子变得狭小、单调了。面对这种情况，矫正工作者要采取人性化管理，努力践行人文关怀，采取亲情帮教，为亲人探视、朋友慰问提供更多的便利，使服刑人员感受到亲情和友情的温暖。良言一句三冬暖，一条信息可以使服刑人员反思过去，一个电话可以使服刑人员畅想未来，一句问候可以使服刑人员积极改造，一份祝福可以使服刑人员真诚悔罪。教育关爱迷失的服刑人员，旨在除去他们的"兽性"，恢复他们的人性；去掉他们的恶性，激发他们的善性。为了更好地利用感情改造服刑人员，江苏省扬州市某区监狱系统积极开展"千名服刑人员社会帮教日"活动，社会各界人士纷纷走进监狱，为服刑人员开展思想引导，提供法律咨询和心理辅导，捐款捐书送电脑，签订就业安置协议，很多服刑人员性格开朗了，心情愉快了，精神焕发了，更加积极地参加劳动，更加自觉地投入改造。社会的关爱使服刑人员真诚悔过，增强了改过自新的动力。

第三，社会公民应有患难相助的道义。服刑人员并非不通人性的人，他们也懂得患难相助，他们也有感恩图报的善举。根据有关报道，在汶川特大地震中，四川某监狱服刑人员的表现让人称赞，为之动容。没有动员，没有组织，他们自发地排起长队捐款献血，少则5元，多则几十上百元，纷纷伸出援助之手。平常表现不好的人此时听管服教，为抢救国家财产奋不顾身；监狱担心脱逃的人此刻自觉维护监管秩序，为实施紧急避险行动冲锋在前。监狱系统出现了警囚关系空前良好、监管秩序空前良好的可喜局面。① 这说明服刑人员良知未泯，人性尚存，是可以改恶从善的，也是可以重新做人的。相应的我们更需要帮助服刑人员重树信心，引导和帮助服刑人员摆脱犯罪阴影，走出人生的低谷，帮助服刑人员解除思想负担，找到走向新生的钥匙。②

三 道德观念与思想矫正

孔子曰："道之以政，齐之以刑，民免而无耻；道之以德，齐之以礼，有耻且格。"③ 意思是说，以政令来管理，以刑法来约束，百姓虽不敢犯罪，但不以犯罪为耻；以道德来引导，以礼法来约束，百姓不仅遵纪守法，而且引以为荣。服刑人员虽然因违法犯罪被关进监狱，对其采取惩罚性的刑罚执行措施，但其内心并不一定对法律产生畏惧感，而采取道德教育的方式，使服刑人员认为违法犯罪是可耻的，违背道德的，才能在其内心产生内驱力，他们走向社会后，才会成为守法的公民。

（一）培养服刑人员耻感意识，加强道德教育

"利者，人欲所固然，有耻心，则可使路不拾遗矣；贪生者，人情之自然，有耻心，则可忠烈死节矣；淫者，人欲所固有，有耻心，则可终身守节矣……"④

耻感是人的一种最基本的道德自觉。耻感与荣誉感相对应，对个人的道德修养和社会道德建设都有着根本性的影响。培养服刑人员的耻感

---

① 《四川539名服刑罪犯因抗震救灾期间表现好受表彰》，http://news.sohu.com/20080711/n258096088.shtml。

② 《教育改造服刑人员是全社会的共同责任》，http://www.sc.xinhuanet.com/。

③ 《论语·为政》。

④ 康有为：《孟子微礼运注中庸注》，中华书局1987版。

意识，有利于服刑人员形成良好的世界观、人生观、价值观。培养服刑人员耻感意识具有如下几种功能。

第一，规范功能。

孟子曰："耻之于人大矣！"耻便是羞恶之心。人有耻，则能有所不为。今有一样人，不能安贫，其气销屈，以至立脚不住，不知廉耻，亦何所不至！① 对个体而言，耻感意识或羞恶之心、廉耻之心是人的各种品德素质中最基本的、最重要的素质。能够在一定限度与范围内规范、约束和调节人的心理与行为方式，从而使人更好地适应社会。培养服刑人员的耻感意识，能够使服刑人员意识到当自己做了有损于社会、他人的事情时，能够体验到一种自责和内疚，利用自身内心形成的荣辱标准来衡量和调节自己的行为，一旦感觉到自己的思想和行为即将沦化至羞耻的范围内，就应当采取及时的补救措施。这体现出耻感意识的流露具有主体性、主观性的特征。通过矫正工作者的外界教化的作用，以使服刑人员形成内在的行为标准，从而规范自己的行为。

第二，导善功能。

古希腊哲学家德谟克利特曾说过："对可耻行为的追悔，是对生命的拯救。"② 英国作家卡莱尔也曾说过："羞恶心是所有品德的源泉。"③可见，个体善恶道德意识的培养有助于激发和维持服刑人员的善心与善行，进而激发其不断追求善的方面，抛弃恶的方面。

一个能够在认知、情感与行为上都高度"知耻"的人，当自己的行为违背了社会的道德价值观时，就会产生愧疚、痛苦等负面心理体验，这种心理体验有着巨大的道德力量。一个有耻感意识的人如果由于种种原因，偶尔做了一件羞耻之事，随即就会因他人提醒、批评或自己良心的发现，而受到自己良心上的谴责，这种良心上的谴责往往促使个体真正从思想和行动上改过从善。

第三，鞭策功能。

耻感意识的鞭策具有激发和维持个体进行活动，并导致该活动具有

---

① （宋）黎靖德编：《朱子语类》（一），王星贤点校，中华书局1994年版，第241页。
② 转引自刘玉瑛主编《干部实用名言辞典》，中央党校出版社1999年版，第358页。
③ 同上。

朝向某一积极目标不断前进的功能。具体表现在：知耻或羞恶之心、廉耻之心能使人正视自己曾犯的错误，自我鞭策，进而努力采取相应的补救措施，以重塑良好的自我形象；或者，将他人对自己的羞辱转化为奋发向上、自强不息的心理动力，以此塑造良好的自我形象。由此可见，耻感意识既是促成个体产生道德行为的心理动力，也是个体形成道德意志的认识基础和情感因素。

康有为在《论语注》卷三里谈道："礼者，御侮图存，尚耻求胜。"[①] 在康有为看来，知耻心是个人向上奋进的一种动力。例如，越王勾践每每想起会稽的耻辱，就油然而生艰苦奋斗、自强不息之动力，经过多年努力，终于打败吴国，一雪国耻；司马迁遭受屈辱的宫刑之后更加勤奋写作，终于完成史学巨著《史记》。可见，知耻心所具有的强大鞭策功能，产生催人奋进的动力。思想矫正工作者在对服刑人员进行教育改造的过程中，适当激发其羞耻心，坚持正面教育，会起到良好的矫正效果。

可见，耻感意识的激发可以对个体的思想和行为产生重要的影响。然而随着市场经济的发展，拜金主义、无政府主义思想泛滥，学雷锋精神受到冷落，社会不正之风和腐败现象屡禁不止，个体自由被夸大，非理性主义被宣扬，导致了社会生活过程中各种犯罪现象的发生。服刑人员耻感的淡化是监狱和社会在对服刑人员进行思想矫正过程中面临的一大问题。

恩格斯认为："每个社会集团都有它自己的荣辱观。"[②] 一个人的所作所为即便与社会所认可的道德规范背道而驰，即便其不道德的行为已被他人当面予以提醒或痛斥，假若其心中没有内化的善恶标准或荣辱标准，即没有良知，那么，他或她心中也不会产生羞耻心或羞耻感。一些服刑人员在刑释后短期内又再次犯罪，甚至有些人将犯罪、"蹲大狱"视为个人能力强悍的体现，就是因为不以违法犯罪为羞耻。可见，提高服刑人员耻感意识，对其今后的行为起着重要的规制作用。

目前，大多数服刑人员的行刑场所还是在监狱，监狱对服刑人员的

---

① 康有为：《论语注》，楼宇烈整理，中华书局出版社1984年版，第34页。
② 《马克思恩格斯全集》第39卷，人民出版社1974年版，第251页。

改造应做到劳动实践与思想教育的统一。然而由于经济利益的驱动，很多监狱往往重视服刑人员劳动，对服刑人员的考核多以劳动的效率和成果为标准，在追逐利益的同时忽略了对服刑人员思想的改造。而思想教育的弱化会引发耻感意识的淡薄，这就导致服刑人员矫正得不彻底性，不利于降低再犯罪率，影响社会的稳定和发展。

鉴于耻感意识对服刑人员矫正发挥着重要的作用，在今后的工作中，应努力做到以下几点。

第一，重视"社区"这一场域对服刑人员的矫正作用。社会中多数人排斥和反感监狱，如果有人进过监狱更是被多数人列入"坏人"的名单，即社会学理论中的"贴标签"。既然蹲过大狱就被贴上"坏人"标签，并且很难去除掉的话，那么耻感意识对服刑人员来讲又有何重要的作用和意义？可以看出，行刑环境对服刑人员的矫正有重要的影响。在轻刑化的刑事政策理念的影响下，对犯罪情节轻微、社会危害性不大的服刑人员，应安排其在社区行刑和矫正，这样更有利于服刑人员身心的发展。

第二，切实保障服刑人员的权利不受侵害。对耻感意识的激发和培养如稍有不慎，可能会对服刑人员的身心造成侵害，矫正工作者在进行教育的过程中，应采用合理恰当的方式，尊重服刑人员的各项权利，杜绝采用侮辱、谩骂、讽刺的形式对服刑人员进行耻感意识的激发。否则非但达不到教育的目的，反而侵犯了服刑人员的人身权利。

第三，充分发挥和调动社会各界力量。个人产生耻感的动因往往来自内心的自觉和外界的影响。矫正工作者应采取多样化措施进行全面的教育工作。首先，运用思想政治教育的各类方法和手段，使服刑人员树立侵害他人利益羞耻的价值观，在思想层面形成自觉、积极配合改造的观念。其次，矫正工作者可以通过走访的形式，对服刑人员家庭成员耻感意识进行必要的激发，利用家庭成员的亲情帮教使服刑人员改过自新。最后，还要充分运用社会大环境的舆论影响，积极弘扬和传播耻感文化，利用隐性教育的方式帮助服刑人员矫正。

第四，大力发展社会经济，提高和保障服刑人员刑满释放后步入社会的生存水平，为服刑人员回归社会创造必要的生存环境。马斯洛需求层次理论表明，人的生理需求是精神需求的前提和基础，如果一个人连温饱问题都得不到解决，又何谈荣辱观的培养？因此，社会应建立健全安置刑满释放人员的各项措施，使刑满释放人员步入社会后不至继续游荡在社会和街头。

第五，加强社会主义荣辱观教育。良好的道德教育是培养社会个体耻感意识的重要方法，特别是荣辱观教育是引发服刑人员耻感意识的重要途径。形式多样的荣辱观教育可以使服刑人员形成正确的人生观、价值观，提高明辨是非的能力。

社会主义荣辱观是激发服刑人员羞耻感的重要理论基础。社会主义荣辱观是作为一个公民基本的道德规范，也是营造良好社会风尚的基本要求。"八荣八耻"鲜明地提出了要坚持和弘扬中华民族的优良传统，坚决反对和鞭挞一切社会丑恶现象，它是人们社会生活的基本价值取向、道德规范和行为准则，反映了社会主义世界观、人生观和价值观的根本要求，体现了社会主义道德的本质要求，是对马克思主义道德观的新概括，是对新时期社会主义道德的深刻阐述，是新形势下推进社会主义精神文明建设的强大思想动力。

亚里士多德认为，一个人"只有善德是不够的；他还得具备一切足以实践善行的条件和可能"①。胡锦涛指出："思想政治教育要取得实效，既要加大教育引导的力度，又要激发受教育者的内在动力。"② 八荣八耻是当前弘扬社会主义道德建设的方针和指南，充分运用提高道德修养的方式方法，对服刑人员进行荣辱观教育，最终实现从激发内在的耻感意识到外在道德行为的转化。具体而言，对服刑人员进行八荣八耻荣辱观的教育，应着重体现以下几点。

首先，应体现"以辛勤劳动为荣，以好逸恶劳为耻"的劳动观。劳动不仅仅是谋生的手段，更是人的生命力、创造力的体现，是做人的一种责任和义务。而好逸恶劳的思想使人产生惰性，丧失进取心，贪图享乐，最终一事无成，浪费生命。很多犯罪的服刑人员大多有好逸恶劳的思想倾向，梦想一夜暴富，一夕成名。在这些人眼里，劳动成了"没本事""愚蠢"，甚至"下贱"的代名词，坐享其成，不劳而获。针对这

---

① ［古希腊］亚里士多德：《政治学》，吴寿彭译，商务印书馆1965年版，第351页。

② 《十六大以来重要文献选编》（中），中央文献出版社2006年版，第640页。

种思想，矫正工作者应劝导服刑人员正确对待劳动，除了通过平时规定服刑人员进行必要的劳动改造外，还应使服刑人员明白无论从事什么工作，不管是脑力劳动还是体力劳动，只要是服务社会，为社会创造价值，就是光荣的。一个人只有通过劳动，才能真正自立于社会，实现自己的人生价值和社会价值。

其次，应体现"以遵纪守法为荣，以违法乱纪为耻"的法纪观。遵纪守法是实现人们各种利益和自由权利的保障机制，是尊重人、保障人的正当权利和自由的表现，因而，遵纪守法是公民应尽的社会责任和道德义务。很多服刑人员在犯罪时并不知道自己已经触犯法律而做出了糊涂的行为。有些服刑人员是知法犯法，甚至利用自己掌握的法律知识，竭力钻法律的漏洞。此类人往往对自己的行为不以为耻，反以为荣。针对这种思想，矫正工作者应该在普及法律知识的基础上，更加提高服刑人员的法律价值观和法治信仰，使服刑人员懂得，遵纪守法是现代生活对公民的道德要求，也是作为一个公民所必备的品质。

最后，应体现"以艰苦奋斗为荣，以骄奢淫逸为耻"的生活观。艰苦奋斗是一种人生态度和道德境界，是一种追求张扬生命、顺应自然、崇尚简朴、与大自然和谐共处的生活理念。然而在市场经济中，"随着财富本身成为个人价值的一般尺度，炫耀财富的欲望，从而炫耀作为财富代表的金银现象也发展起来"。这种发展"表现为无限的奢侈，这种奢侈甚至要使享乐达到想象中的无限的程度，竟要吞食凉拌珍珠等"①。服刑人员在思想上很多表现出精神空虚、萎靡不振、贪图享乐、骄奢淫逸等。矫正工作者要关注服刑人员的此种腐化思想，及时予以纠正和引导。

总之，八荣八耻为服刑人员提供了明辨是非、判定善恶、鉴别美丑的基本准则；有利于服刑人员自身道德素质的提高，有利于服刑人员悔过自新，有利于服刑人员重返社会后减少二次犯罪的可能性。

（二）培养服刑人员道德自省，加强道德内化

服刑人员的思想矫正，是一种复杂、具体、动态的个体思想活动过程，矫正工作者对服刑人员的教育活动，表现为外在的矫正教育形式，

---

① 《马克思恩格斯全集》第30卷，人民出版社1995年版，第184、227页。

而外在的教育形式需要服刑人员对社会道德进行学习和认同，将其转化为自身内在的行为准则和价值目标，形成相应的具有个性特征的道德素质。

第一，服刑人员内化道德规范要求的过程首先是情动，它是服刑人员内化道德规范的基础和起点。"人非草木，孰能无情"，人是有血有肉、有情有义的高级动物。所谓情动，是陷入非常状态的主观体验，它使精神和身体的能源突然地改变分布状态和技能；情动时，由于能源的调度和重新分配，人有可能更多地投入各种状态，感情丰富，活动能力提高。但是，如果丧失理智，也可能影响人的活动能力。① 服刑人员在接受外部矫正信息时，包括精神的、物质的、狱内的、狱外的，无不给服刑人员刺激，五官感觉的神经系统对此要做出生理—心理反应，从而使客观对象与服刑人员感受之间产生一种形式结构上的巧妙对应关系和感染作用。也即服刑人员在内化过程中，服刑人员与外部矫正信息必须通过情动感受，来进行选择，主动地感知。

为使服刑人员产生良好的情动反应，矫正工作者需注意：（1）作为引发服刑人员情动的人和事要与服刑人员的需求相吻合。人对客观事物产生什么态度，决定于该事物是否能满足人的需要，某种事物能满足人的需要，人就产生满意、愉快的情绪，反之就会产生不满意、不愉快甚至抵抗的情绪。这一原理对服刑人员矫正的过程同样是适用的。矫正工作者对服刑人员的矫正过程，是矫正工作者的思想表达与矫正对象接受"思想表达"相互印证的过程。在服刑人员思想矫正的过程中，要从满足服刑人员的需要入手。例如每个人包括服刑人员都有被别人爱的需要，对于服刑人员来说，这种需要更为强烈。因为现在他们身陷监狱，为众多人所不齿，包括家人也因他们而蒙羞，抬不起头，对他们充满怨恨。在这种情况下，就更需要对他们施以特有的关爱。（2）矫正工作者对服刑人员而言，必须具有某种权威和优势。如果这种权威和优势没有被服刑人员所认可，一切矫正活动也往往被误认为是示弱，是无可奈何的退却，他们就不会严肃对待和珍惜任何矫正行为。矫正工作者权威的树立不是以势压人，要通过"动之以情，晓之以理"，真正成为

① 朱小曼：《情感教育论纲》，人民出版社2007年版，第142页。

服刑人员心目中认可的教育者。

第二，服刑人员对于矫正工作者的道德教育产生良好的情动反应后，将会进入道德内化的体验阶段。这个阶段是一个关键性的阶段，它以体验的方式，从对象的外在形式进入对象意义层次的把握和理解。就服刑人员思想矫正而言，应通过创设多种情境，唤醒他们的生命体验，使他人、他物融入内心，浸染生命，感动人生，洗心革面，重新做人。

在服刑人员思想矫正的过程中，应注意实践体验和心理体验两种。从实践体验来看，即服刑人员亲身经历各种改造活动，并获得相应的体验，这种体验实际是直接经验，如为了使服刑人员认识到劳动的意义、价值，摒弃好逸恶劳的消极情感，培养爱劳动、珍惜劳动成果的积极情感，就要组织服刑人员投入劳动改造，在劳动中加深对劳动的认识和体会。而心理体验则是以联想为纽带，对自己过去亲身经历的事件进行思考，以加深对这些事件的认识。

第三，体验阶段之后则是服刑人员对道德规范内化的培育和树立阶段。体现为树立坚定道德意志，强化道德信念。服刑人员犯罪的一部分原因往往是道德意志不坚定，抵制不住功利的诱惑。服刑人员道德信念的确立是道德规范内化为服刑人员自身的关键因素。通过对道德认识的逐步深刻，丰富道德实践活动，以及道德舆论的积极营造，来形成服刑人员坚定的道德信念。

因而在矫正的过程中，一是要克服内部障碍，以道德动机战胜不道德动机；二是要排除外部障碍，执行由道德动机所引起的行为决定。要善于迅速地明辨是非，坚持不懈地排除干扰。具体需要从外向化和内向化两个方面展开。外向化就是要通过多种实践活动来推动服刑人员形成较为稳定的价值取向。按照马克思主义哲学的观点，人的社会实践对人的发展起着决定作用。人离开社会实践，就不可能有什么思想、观点、知识、技能、人格包括内含的价值体系等。服刑人员良好道德感的形成，也需要在矫正教育者所组织的道德规范教育、道德环境营造的实践过程中形成和发展起来。内向化是针对服刑人员思维内部活动的进一步深化。要注重服刑人员思想及心理内部结构的稳定和平衡，这就要求矫正工作者应定期对服刑人员的思想动态加以了解和跟踪，使服刑人员能够真正树立良好的人格。

服刑人员形成了理想的良好的人格后，人格就成了服刑人员个体对己、对人、对事做出反应判断的依据，就会远离假、恶、丑，自觉追求真、善、美，以重新展示生命的光彩，在与社会和他人的关系中，把握好自己，重新展现自我，得到社会和他人的承认和尊重。

第二节　从主体到个体：传统思想矫正模式的突破

一　"主体间性"思想矫正模式的产生与发展

主体性从本质上说，是认识主体在同客体的相互作用中表现出来的功能特点，是主体与客体发生关系时所表现出来的以"自我"为中心的能动性、占有性，强调的是主体对客体的认知、征服、占有。主体间性是指主体与客体之间的交互统一性，是指主体与主体在交往活动中所表现出来的以"交互主体"为中心的和谐一致性，是对个体主体性的继承与超越，它超越了主体性的自我化倾向，倡导一种主体间的共同性，但又保留了个人主体性本身的根本特征。① 主体间性强调整体性与和谐性的存在，强调的是主体之间的相互理解与沟通，以实现认同、达成共识。搭建服刑人员思想矫正主体间性的教育模式，可以使服刑人员的个人潜质得以最大挖掘，增强服刑人员主体性，让服刑人员自觉能动地加以改造。

主体性思想矫正教育模式表现为"主体—客体"，认为教育对象是教育过程的主体，教育者发挥主导作用，是教育者向受教育者施以单向性影响的活动，缺乏矫正工作者与服刑人员的双向互动过程，忽视了服刑人员的自主性、能动性和创造性，难以收到预想的成效和结果。只有客体对教育过程能动地反映和评价，才能在认知的基础上获得真正的理解。从一定意义上说，服刑人员思想矫正是一个交往式的认知活动，主体间性思想矫正模式是"主体—客体—主体"，承认矫正工作者和服刑人员是平等的主体，服刑人员不再是被动的接受者，而是思想矫正活动

① 张耀灿、刘伟：《思想政治教育主体间性涵义初探》，《学校党建与思想教育》2006年第12期。

的积极参与者。服刑人员主体间性思想矫正模式表现在以下几个方面。

第一，服刑人员思想矫正的主体间性教育模式要体现矫正工作者与服刑人员的平等地位。地位平等是建立主体间性思想矫正模式的前提。一方面，对于矫正工作者来说，社会对其评价显然要比服刑人员的地位高很多，可能在知识层次上也比服刑人员占有优势，在矫正工作中，这种优越感不但不能强化，反而应该淡化，矫正工作者放低姿态才能为主体间性的矫正工作提供可能；另一方面，对服刑人员来说，要认清自己之所以犯罪，在心理和思想层面可能存在一定程度的缺陷，需要进行教育和矫正，但也要意识到这种不足只是暂时性的、相对的，在作为人的基本权利方面与矫正工作者是平等的，有说话和表达意思的权利。只有这样才能激活服刑人员的主体意识，保持主体地位，积极配合矫正工作的进行。在追求矫正工作者与服刑人员地位平等的同时，我们也应意识到，平等并不是矫正工作者和服刑人员完全相同，而是矫正工作者与服刑人员在矫正过程中各自表现出不同的特点。矫正工作者是教育活动的先行者、发动者、组织者、引导者、促进者、管理者，对服刑人员思想矫正的培养必须是有目的的和自觉的，而不是盲目的、随意的。而服刑人员在主体的成熟性上还存在一定的距离，在思想、政治等方面与社会的要求还存在一定差距，但仍然具有巨大的发展潜能和拓展空间。

第二，服刑人员思想矫正的主体间性教育模式要充分体现矫正工作者、服刑人员之间的多向互动。其互动形式体现为：矫正工作者与服刑人员之间的教育互动、矫正工作者之间的交流互动、服刑人员之间的互动三种形式。其中，矫正工作者与服刑人员之间的教育互动是重要的表现形式，表现为狱警、社区矫正工作者与服刑人员进行交流、谈心等丰富多样的活动。通过这种多样化的互动，有利于服刑人员与矫正工作者达成共识，这种共识对服刑人员思想品德建构、自我完善具有重要作用。在充分发挥服刑人员主动性的同时，也不能忽视矫正工作者的引导作用，这样才能体现出服刑人员思想矫正的双主体性。

第三，服刑人员思想矫正的主体间性教育模式要密切联系实际生活。服刑人员与其他普通公民不一样，他们行动的范围受到限制，尤其在监狱行刑，其活动和接触范围更为狭小。这就要求矫正工作者的教育内容不应墨守成规，要紧跟时事与政策的变化做相应调整，让服刑人员了解最新的社会主义核心价值理念，教育方式上要多联系实际案例，摒弃传统单一的授课模式，多采取诸如警示教育的形式，举办各类比赛活动，让服刑人员成为教育活动的组织者，通过多种多样的实践活动，在体现主体性的同时，使服刑人员自身的价值观念也在不知不觉中得到改变。对服刑人员进行劳动技能培训要注重实用性，通过在狱内学习和掌握相关的劳动技能，使服刑人员获得今后生存的能力。

可见，在多极异质主体（主要是矫正工作者—服刑人员、服刑人员—服刑人员、矫正工作者—矫正工作者）的多类群体中，通过开展形式多样、内容丰富的活动，对服刑人员进行深入、多维的心理因素考察，积极创设对服刑人员的亲情帮教活动，如此一来，服刑人员思想矫正就会形成良性互动，通过心灵和思想的碰撞从而产生出"共识"的火花，使其在矫正工作者的真诚中得到真正的矫正和感化。搭建主体间性的交流方式平台的形式如图7所示：

图7

搭建主体间性的教育方式，往往会取得较好的矫正效果。以下是广西壮族自治区监狱管理局运用主体间性教育的一个典型案例。①

"傍晚下班回来，他有气无力地推开了家门，工作上连续几天的不顺心，使他觉得身心都疲惫不堪。妻子端上饭菜，他没有任何食欲，脑子里还在围着工作的事情转。妻子说：'你遇上了什么事啦，木头一样。'

"他这才意识到自己进门这么久，还没开口说过一句话，像是机器人一般按部就班地做着事。看到妻子关切的眼神，他忙解释说：'工作上的事扰得我有点乱，有一个顽危犯，拉帮结伙、打架斗殴，顶撞警察、抗拒管教、绝食、轻生，样样有他的份。监区将他列为重点控制对象，而我作为直管民警，领导要求我一定将他转化。一个月以来，我软硬兼施，使尽浑身解数，他仍然冥顽不化，一副死猪不怕开水烫的样

---

① 龙翠文：《爱妻说》，http://www.gxjy.gov.cn/news_show.asp?id=4937。

子，想着就头疼，哎！'

"妻子听完嘻的一声笑了：'这样一个人就把你给打败啦，当初你是怎么追到我的哦！'听妻子这么一说，他也忍不住笑了：'哈哈，是啊，你可比他顽固多了！'妻子说：'人心都是肉长的，当初我不顾家人的反对嫁给你这个穷小子，就是被你的真诚所打动。我一直觉得你是真诚的、做事有恒心有毅力有办法的人，不要灰心，我就不相信他比我还难'追'！

"想着妻子的话，他开始对自己的工作方式进行反思。是啊，我们监狱民警为了在服刑人员面前树立威严，常常是一副高高在上的姿态，对待服刑人员多是命令与指挥。这样在罪犯面前我们的形象是高大了，可是与他们的距离也拉大了。这不仅增加了我们在罪犯心里的抵触情绪，甚至影响了自己在家庭生活中的状态。

"第二天，他再次找来李犯，不同的是他们一同坐在了沙发上，他想让李犯感觉到他们是平等的。李犯仍然有防备，但是已经愿意听他说话了，他感觉有希望。回家后他将这个欣喜的变化告诉妻子，妻子说：'他理你，不代表他会接受你的教育。你最好一直用真诚的心来对待他。'果然，第二天李犯的情绪又反复了，用绝食表示反抗。

"他不得不再次搬出救兵。妻子说：'人都是孤独的，都渴望得到关注，当年我害怕你只是一时头脑发热，故意疏远你只是想考验你的真心！'这女人心真是海底针啊！他估计李犯也是对他态度的突然转变表示怀疑吧。可以理解，大多数服刑人员都存在怀疑、戒备的心理。

"接下来他没有直接去找李犯谈话，而是仔细翻看他的档案及笔记，找来与他关系较好的罪犯了解情况，还详细了解了他的家庭情况与情感经历。找到了他一步步走向深渊并深陷其中的心理发展过程。这个时候跟罪犯讲法讲理已经毫无意义，他决定从别的地方突破。知道李犯爱好书法，他就特意在监区举办了一次书画比赛，由李犯负责。李犯没有拒绝，并一改往日懒散赖皮的痞性，积极认真地投入到工作中。在后来的颁奖会上，他看到了李犯上扬的嘴角，他也笑了。

"妻子说：'好久没看到你这样舒心地笑了。'她接着说：'下面是关键的一步，都说想抓住一个人，首先要抓住他的胃，你知道怎么做吧。'李犯是二进宫，父母对他失望至极，从来没有来看望过他，这也是导致他堕落的因素之一。

"端午节快到了，每逢佳节倍思亲，服刑人员尤其如此。他也曾多次联系李犯家人，希望得到他们的帮教，可是他们不愿来看这个儿子。他拿着李犯获奖的书法作品给其父母，上面铿锵的笔法写着'涅槃重生'四个字，李犯的父母有些动容，但还是未答应去探望，只是在他出门前，其母亲递上几个粽子，叮嘱他帮忙带给李犯。

"端午节时，监狱给每个服刑人员都发粽子，他亲自给李犯发放，他本打算在李犯吃完后再告诉他，但李犯还没吃完他带来的粽子，他就看到了李犯一边吃一边流泪了。原来从粽子的味道中，李犯吃出了是他母亲包的粽子。通过该警官的努力和坚持，不久，李犯完全转化，变成了一个积极向上、对生活充满信心的人。"

二　个体化思想矫正模式：主体间性的拓展与延伸

在当代行刑实践中，教育刑思想已经成为行刑执法的主导思想，推行服刑人员教育个别化，是新时期教育刑发展的主要趋势。教育刑论认为，刑罚的根本意义在于，通过惩罚教育改造服刑人员，使其改过自新，顺利回归社会，个别化的趋向还在于服刑人员的犯罪及其改造是因人而异的。这种理论在我国称为"因人施教"，或通俗的说法"一把钥匙开一把锁"。

（一）个性化教育的含义

所谓个性化教育，是一种以教育个体而非教育群体为基础的教育形式。即针对群体对象中的个体差异，按照不同的内容和方法开展教育，实现一般的教育目标。服刑人员个性化教育就是以党的方针政策为指导思想，在法律规范的前提条件下，充分运用各种资源，开展社会化、人性化矫正，尽可能为服刑人员提供有利于身心发展的环境及条件，分析服刑人员的个性，拟定有针对性的教育方案，注重服刑人员主体性发挥，使服刑人员由被动的改造变成积极主动的自我内化，真正提高服刑人员的整体素质，使其顺利回归社会，避免再犯罪，维护社会的稳定。

服刑人员矫正改造大都按照标准化方式进行，无论从日常生活，还是从接受教育和劳动都是按照标准化要求运作，显然，这种矫正形式的再社会化不会过多考虑矫正对象的个性要求。犯罪学上有一句名言：

"犯罪原因如同一棵树上没有一片相同的树叶。"由于引起犯罪的原因纷繁复杂，服刑人员的个性、年龄、受教育情况、人生观等因人而异，如果运用一种方式对各种情形的服刑人员采取矫正措施，难以取得良好的矫正效果，因此需根据服刑人员的年龄、性别、性格特征、生理状况、犯罪性质、犯罪严重程度、人身危险性等不同情况，从最有利行刑目的的实现出发，对服刑人员采取不同的方式、不同内容和不同强度的处遇措施，才能达到刑罚矫正的目的。

（二）服刑人员个别化教育的若干思考

第一，树立"以服刑人员为本"的矫正理念。

教育，必须讲究方法，必须从受教育者的个体发展需要出发。同样，服刑人员的教育，也必须以服刑人员个体为本，服刑人员首先是人，然后才是犯罪的人，所以矫正工作者在进行教育工作时，必须尊重和保护服刑人员的人权，服刑人员虽然触犯了法律，但其作为一个公民的基本权利应当受到保护。针对服刑人员犯罪产生的个体因素，从服刑人员的个体原因出发，通过对个体进行生活指导、心理治疗、欲望克制等方式，采取特殊预防措施，消除个人与社会不相适应的缺陷与矛盾。

以服刑人员为本，切实维护服刑人员的切身利益，会激发服刑人员自觉改造的动力。据报道，新疆某监狱在实际的教育过程中，注重个性化教育，取得了很好的矫正效果。该监狱对"刺儿头"进行个性教育，终于把"刺儿头"变成虚心接受改造、守法的服刑人员。该报道如下：①

"当艾买提接过盖有鲜红印章的减刑裁定书时，他再也无法控制自己的情感，任凭激动的泪水纵情流淌。这份减刑裁定书，凝结了他太多的悔愧、汗水和对警官深深的感激，更见证了他由抗拒改造典型到积极改造典型的'蜕变'历程。

"艾买提原来是沙雅监狱五监区出了名的'刺儿头'。2009年入监时，因为刑期不长，他抱着混一混的错误思想消极改造，经常违规违纪，装病怠工，顶撞民警，甚至为了一点小事就与他犯大打出手。为此，他多次受到警告和禁闭处罚。警官们语重心长的规劝谈话教育他置

---

① 付绍宇：《"刺儿头"的"蜕变"》，http：//www.fzxj.cn/view.asp？id=211598。

若罔闻。他成了监区顽固抗改的典型。

"去年 5 月的一天，艾买提突然全身抽搐、口吐白沫晕倒在地。监区民警立即将他送至医院抢救，不辞辛苦地在医院轮流照料了他三天两夜。脱离危险后，民警又给他买来水果和营养品，每天从清真食堂买来热乎乎的饭菜送到他的病床前……艾买提怎么也没有想到，警官们对自己这个'破罐子'没有丝毫的嫌弃，依然给予了胜似亲人般的关怀。他后悔了，落泪了，醒悟了。病愈后的艾买提像变了个人似的，铆足了劲学习文化、学习技术知识。在劳动中，脏活、苦活、累活他抢着干，并能保质保量地超额完成劳动任务，多次受到狱政表扬奖励。在监狱举办的职业技能培训中，他凭着勤奋、踏实的学习劲头，熟练地掌握了十字绣和烹饪两项技能，并取得了技术等级证书，为新生后就业打下了坚实的基础。原本抗拒改造的典型终于'蜕变'成了积极改造的典型。

"一分耕耘，一分收获。由于艾买提积极改造，表现突出，终于获得了减刑的奖励。当他作为减刑人员代表发言时，他向警官们深深鞠了一躬，动情地说：'没有警官们无私的教诲、鼓励和帮助，我不可能取得今天的改造成绩。是警官们让我明白了做人的道理，懂得追求怎样的人生价值。在今后的改造中，我会再接再厉，积极进取，用劳动的汗水浇灌希望的花朵，用勤劳的双手创造崭新的明天……'"

第二，科学甄别服刑人员，建立对服刑人员改造状况的评价标准和相关指标体系。

要对服刑人员进行个别化教育，其前提就是对每一名服刑人员个体的情况，做到客观、真实、全面、详细的了解和掌握，由此必须建立对服刑人员改造状况的评价标准和相关指标体系，具体操作可以从以下几个方面着手。

首先，服刑人员个人情况系统调查。包括服刑人员的性别年龄、户籍住所、教育程度、宗教信仰、能力志趣、个性特征、身心状态、家庭亲情、生活环境、经济状况、职业经历、社会背景、犯罪原因、犯罪经历、主观恶习、客观危害、罪行轻重、认罪态度、悔罪心理、现实表现、心理需求、知识需求、物质需求等。

其次，服刑人员刑期内的主要问题，即服刑人员个体在整个服刑期间，需要干警教育帮助矫正的问题。其中包括服刑人员个体对刑罚的认知和态度问题；服刑人员个体的生活态度问题；服刑人员个体的服刑心理问题；服刑人员个体的安全隐患程度问题；服刑人员个体的改造态度和行为表现问题；服刑人员个体客观存在的个人、家庭、婚姻等实际问题。

再次，个体服刑人员服刑中新产生的问题。其中主要有：服刑人员个体的狱内人际矛盾问题；服刑人员个体与干警的矛盾症结问题；服刑人员个体的劳动态度问题；服刑人员个体的重大违纪违规问题；服刑人员个体在改造中遇到的重大家庭变故或亲情利害关系等问题；狱外因素对服刑人员个体可能产生的重大干扰和诱惑问题；其他随时发生的重要问题等。

最后，个体服刑人员自身发展需要方面的问题。其中：如获得法律援助的需要、改善自我精神现状的需要、提高文化道德修养的需要、获取相关知识的需要、提高社会就业技能的需要、提高艺术品位的需要，以及其他有利于重新回归的需要等。

第三，建立服刑人员个案情况档案。

个性化教育，不仅需要研究教育内容的个别化、教育形式的个别化，而且需要研究教育方法的个别化以及教育手段的个别化。要实现这一目标，就要在建立起科学的服刑人员甄别以及评价体系和标准基础上，实行个案调查制度，建立服刑人员个人信息库。从新犯入监起，应由专业人员深入调查研究，通过面谈、实地走访、查阅案卷、心理测试等方法，收集服刑人员的身体特征、案情案由、成长经历、家庭关系、社会背景、宗教信仰、教育程度等相关资料，并总结出该服刑人员的适应问题、人际困难、家庭及婚姻问题、自杀倾向等实际情况和服刑人员的能力志趣、个性特征、身心状态、危险程度等方面的科学数据。最后将这些资料和数据进行整理，形成一个服刑人员个案情况档案。对服刑人员在改造生活中不断暴露和发生的新情况和新问题，也要及时地归纳整理，补充进服刑人员个案档案，以利于系统提高个性化教育工作的效果。基层干警需要对某服刑人员实施教育时，可以通过方便地查阅"服刑人员个案情况档案"，仔细研究服刑人员当前存在的主要问题，找准每一名服刑人员的症结所在，有利于个别化教育的开展。

第四，个别化教育方案。

在普遍开展服刑人员心理矫治、服刑人员分类、监区文化建设、考核奖惩、亲情教育的基础上，根据人是个体的、改造是差异的这一基本特征，为每名服刑人员制定一份适应个体情况特征的服刑人员"个别化教育方案"，其内容包括该服刑人员入狱基本情况评估、阶段性矫正计划与总结、矫正动态性记录与措施，以及其他为之提供的特定矫正服务与措施，它能顾及每位服刑人员所具有的不同的认知水平、能力发展水平、认识活动特点以及他们的需要、性格、兴趣、爱好、习惯等情况。例如服刑人员的认知水平、能力发展水平、性格习惯、兴趣爱好不同，其所受教育的内容和方式应有所不同。在学习内容方面，思想教育的重点应各有侧重，文化、技术教育所学习的科目要有区别；学习方式方面，是接受集体辅导、个别辅导还是自学，不同服刑人员应不同；服刑人员接受个别谈话教育的次数频率、时间长短和内容应有所不同。

实施服刑人员个性化教育，在矫正服刑人员恶习的同时，努力追求服刑人员个体的道德、心理、知识、劳动、生活等主体意识的再社会化重新构建，不仅是全面提高服刑人员改造质量的必由之路，而且是实现刑罚目的的迫切需要。如果说行刑个别化是当今世界行刑发展的必然趋势，那么推进服刑人员个性化教育，探索服刑人员个性化教育的内容、方法、手段及其科学运作，对于推进我国监狱行刑个别化制度的建设，无疑具有十分重要的意义。

第三节　从形式到内容：思想矫正活动的多样化开展

21世纪是知识经济的时代，知识就是生产力，知识是人类经济发展的源泉。深受教育刑影响的西方国家开始重视服刑人员的教育改造，他们对服刑人员的教育包括文化教育、道德教育、职业技能教育、宗教教育和心理矫治。我国也注重了教育改造，《监狱法》也把思想教育、文化教育、技术教育、法制教育作为法定的教育内容。监狱不仅要承担监禁服刑人员的任务，还要承担把服刑人员教育改造成为遵纪守法、有文化、有知识、有劳动技能的社会成员的任务，以达到提高服刑人员素质，出狱后尽快适应社会，减少重复犯罪，真正达到改造教育的目的。

一　以提高知识水平为目的的文化活动

一个国家的国民文化程度高低影响国民的素质，也影响到犯罪率的高低。较低的文化水平容易导致较高的犯罪率。根据调查发现，30%的成年服刑人员事实上是文盲，不能读报纸，不能填写申请表，不能参加考试。受过初等教育的服刑人员比较少，总体上而言，服刑人员的平均教育水平只有小学水平。没有一定的知识水平，对服刑人员进行思想矫正、道德教育、法治教育是比较艰难的。

（一）提供资金支持

我国监狱服刑人员的教育，总体来说还比较落后，主要原因之一是没有足够的资金支持。据调查，武汉市大部分监狱教育计划没有资金来源，即使有来源，在监狱整体拨付款项计划中不到2%。资金不足，教育活动没有办法开展，教材费用、教师的报酬也就无法落实，对服刑人员进行教育也就是空谈。

解决教育经费来源问题，主要有三种途径。第一，政府拨款。政府可以按照监狱的总支出费用的合理比例拨款，也可以按照服刑人员人数拨款。政府财政拨款专款专用，不得挪作他用。第二，提取服刑人员劳动所得的一定比例用于文化教育，服刑人员的文化水平提高了，反过来也可以提高劳动生产率。第三，社会捐款。此外，文化教育的资金必须专款专用，用于文化教育教材购买、教师工资支付、学习场地建设等。

（二）组建合理的师资队伍

教育效果的好坏，主要取决于教师，教师在教学过程中发挥主体和主导作用。我国政府从1981年开始把服刑人员的教育纳入国民教育计划，要求有条件的监狱、劳改场所均应设立专门的教育机构，建立完备的教育制度，使对服刑人员的法制、道德、文化和技术教育正规化、系统化。由于监狱系统相对封闭的特点，社会上的教育工作者不能进入监狱进行教学，因此，监狱思想矫正工作者、心理咨询师、监狱干警等可以兼职从事服刑人员的教育工作。此外，监狱也可以根据教学需要，聘请社会上的教师、具有教师资格证的志愿者对服刑人员进行授课。还可以让文化层次高的服刑人员教育文化层次低的服刑人员。

（三）编写教材，开展多形式的教学活动

教材是学习的主要素材。教材是教师传授知识实施课堂教学的最基本依据，是重要的教学资源。目前，虽然针对服刑人员进行了文化教育，但大多数监狱没有使用社会上的标准教材，也没有统一的教材，教材质量参差不齐，种类繁多，比较混乱。因此，司法部门或监狱可以组织人员参照监狱外的国民教育计划的形式，编写符合实际情况的教材，并制订相应的教学要求和教学计划。有了合适的教材，教学活动就可以顺利开展。

为做好对服刑人员的文化知识教育，需要定期对服刑人员的实际文化程度进行测验，根据测验结果确定文化程度高低，然后分年级编班，设置与社会教育相应的课程。可以要求初中文化程度以下的服刑人员都要参加文化学习。对于文盲型服刑人员的要求是，识汉字 1500 个，能看懂浅显通俗的报刊、文章，能记简单的账目，能写简单的应用文。在具体的教学活动中，对服刑人员进行文化知识教育以扫盲和普及初中教育为主，同时鼓励文化程度较高的服刑人员参加社会上开办的函授大学、业余大学、电视大学等。

监狱、劳改场所设立的服刑人员文化教育负责人由监狱、劳改场所的主要负责人兼任，此外还应该配备教导主任、教研室，每个学期都应有教学计划和教学大纲。服刑人员每天学习 2 课时左右，每星期学习 12 课时左右。在教学过程中，需要加强教学管理，保证教学内容扎实、授课方式活泼、作业批阅及时，激励服刑人员的学习热情。[1]

鼓励服刑人员积极参加高等教育自学考试，提高服刑人员文化层次，是监狱教育改造工作的重要举措。近几年来，我国各地监狱良好的学习条件和环境，极大地调动了罪犯学习的积极性，许多服刑人员从思想上树立起了把刑期当学期的意识，纷纷报名参加高等教育自学、函授、电大等学习。有些监狱为了方便服刑人员参加自学考试，经和有关教育部门协商，在监狱内设立了自学考试考点，比如，湖北某监狱、甘肃省酒泉监狱。为了调动服刑人员参加自学考试的积极性，还在政策上予以激励，对通过考试的服刑人员及时兑现奖励，有效激发了服刑人员参加学习的积极性。对参加高等教育考试的服刑人员，在学习时间上给予充分保证，解除他们学习时间不够的后顾之忧。2012 年 10 月全国高

---

① 国务院新闻办公室：《中国改造罪犯的状况》白皮书，1992 年 8 月。

等教育自学考试，湖北省某监狱逾四成服刑人员参加，共有 832 名服刑人员参加了 122 个科目 1517 个科次的全国自学考试，其中有 42% 的服刑人员报考法律专业。① 服刑人员参加自学考试，成绩合格的，可获得主考院校颁发的与社会教育机构同等效力的学历证书。

（四）丰富服刑人员的文化生活

文化对服刑人员产生巨大影响是通过改变人的精神世界的方式实现的，即通过影响服刑人员的理想、信念、道德、情操，满足服刑人员的社会精神文化生活需要。然而当前，我们正处在一个思想大活跃、观念大碰撞、文化大交融的时代，先进文化、有益文化、落后文化和腐朽文化并存，正确思想和错误思想相互交织，在这样一种文化多元的背景下，建设和谐文化有利于在多元中建立主导，在多样中谋求共识，从而减少思想冲突，使先进文化得到发展，健康文化得到支持，落后文化得到改造，腐朽文化得到抵制，使民族文化与外来文化、传统文化与现代文化、高雅文化与通俗文化在交流比较中互动融合、相互促进。② 各个监狱和社区机构可以在教育改造科下设服刑人员思想、文化、技术教育教研室等教研机构，以及设置阅览室等文化活动场所。阅览室、图书室人均藏书应当达到 10 册以上，每年更新不得少于 10%。其中，法律类、文史类、技术类、心理类、工具类图书应各占一定比例。此外，还应定期邀请相关学者和高校教师到监狱开展讲座，就国家最新政策以及实用的职业技能知识等内容，为服刑人员进行讲解。

二　以提高守法意识为宗旨的法制教育活动

法制教育是"认同"法律规范、"接受"法律规范和"消化"法律规范的教育过程，是培养自觉、自愿的守法精神和塑造民主、正义、效率、公平等现代法治理念的教育过程。法治观教育，其核心宗旨是要服刑人员树立守法意识，在主观方面认识到哪些行为符合社会对个人的行为要求，哪些行为会影响到社会和他人利益，明辨善与恶，将犯罪动机

---

① 胡新桥：《武昌监狱逾四成服刑人员自考法律》，《法制日报》2012 年 11 月 1 日。

② 刘云山：《建设和谐文化，巩固社会和谐的思想道德基础》，《中国城市经济》2007 年第 1 期。

扼杀在萌芽状态。守法意识的培养是以法制教育为前提要件的。

对服刑人员进行法制教育的主要内容有：（1）法律知识教育。包括宪法、刑事法律、民事法律、行政法律及一般法律常识等，如公民的基本权利和义务、法律对公民行为的禁止性规定、违法与犯罪行为的界限等。（2）遵守法律教育。包括公民依法行使权利和履行义务、怎样才能成为一个守法公民的内容。（3）运用法律维护公民权益的教育。其中包括公民权益受到不法侵害时，如何运用法律维护公民的合法权益等内容。

通过对服刑人员进行法制教育，使其认识到自身犯罪的不合法性，以及该行为对社会造成的不稳定及对他人利益造成的危害性，从思想和心理上产生负罪感和内疚感，从而积极投身矫正和改造活动中。同时，矫正工作者应对不同文化程度的服刑人员进行有针对性的个别化教育，循序渐进，确保良好的教学效果。

此外，为了更好地开展法制教育，可以在服刑人员聚居的场所设立"法律援助中心"。"法律援助中心"可以发挥法律教育和法律救助作用，同时还可以提供法律咨询，维护服刑人员合法权益。

三　以提高劳动能力为要求的职业技能培训活动

服刑人员的劳动经历了一个从残酷到人道、从野蛮到文明、从强制到自愿的过程。劳动改造在矫正服刑人员过程中的地位、作用也在不断变化。现代民主社会的教育刑排除一切行刑手段的惩罚性，作为行刑手段的劳动只具有教育的属性而无惩罚的属性，劳动理念的变化让人们重新认识劳动的功能和作用，劳动只是对服刑人员进行教育和改造的手段之一。对服刑人员进行劳动改造必须坚持以教育矫正为中心，劳动改造只对一部分服刑人员有效，劳动不是惩罚，劳动改造最好的选择是社会化劳动，这些变革显示出劳动改造的性质是教育而不是惩罚。服刑人员通过劳动可以培养劳动习惯，自觉地遵守劳动的规则，通过劳动获得报酬，可以使其感觉到与其他人在人格上的平等，思想方面形成积极的观念。同时，产生的积极情感会使其更容易接受教育改造，形成健康人格。

为了加强对服刑人员的技术教育，监狱、劳改场所对于年龄不满

50 周岁又没有一技之长、能够坚持正常学习的服刑人员，应当要求其参加技术教育；有一技之长的，可按照监狱的安排，选择学习其他技能。有了劳动技能的服刑人员走向社会后，就能自食其力，减少重新犯罪的可能。

第一，职业技术教育的种类。主要包括：素质性职业技能教育和生产性职业技能教育。素质性职业技能教育是指完全围绕提高服刑人员素质性职业技能为目标的职业技能培训活动。这种职业技能培训教育，不以商业营利为目的，不仅不会带来经济利益，而且还要消耗一定的原材料、人力、时间。例如，在美国、英国和加拿大的某些监狱里，职业训导员指导服刑人员在监狱房间内的地板上学习、模拟怎样盖房、怎样砌墙、怎样粉刷；一批服刑人员学会这些技术后，就把已砌成的墙壁、已盖好的模型房子拆掉，把已刷好的墙皮铲掉，让下一批服刑人员接着从头重干这些活动，以便学习和实践建筑职业技能。服刑人员反复拆装电视机、计算机等电器设备，从中学习电器的工作原理和修理技术。可见，素质性职业技能教育，虽然不会带来经济利益，但可使服刑人员更加系统有效地学习并实践完整的职业技能，[1] 有助于有针对性地解决服刑人员刑满释放后就业所需的劳动技能问题。而生产性职业技能教育是指以使服刑人员顺利从事商业性生产为目的而进行的职业技能培训活动。可见，与素质性职业技能培训活动不同，生产性职业技能教育培训活动的主要目的，是让服刑人员有效地提供所需要的生产劳动力，而通过培训让服刑人员掌握释放后可以利用的职业技能仅仅是附带的结果。尽管生产性职业技术教育能够带来经济利益，但是对服刑人员职业技术的培训仍有局限性。一是因为依据监狱生产需要确定的技能培训范围较为狭窄；二是因为服务于监狱生产的所培训的职业技能，在服刑人员释放出狱后在谋职时不一定能很好地加以运用。

第二，职业技术教育的内容。在美国，监狱鼓励服刑人员参加职业技能培训，男犯职业技术教育的内容颇为广泛，有理发、印刷、电焊、屠宰、电子、烘烤、管道工、电视和收音机修理、汽车修理、制图和家具制作修理、医疗急救训练等。女犯的职业技术教育则受到许多限制，

----

① 吴宗宪：《当代西方监狱学》，法律出版社 2005 年版，第 740 页。

其内容主要包括美容、秘书训练、资料管理、办公机器操作、烘烤和食品加工、配制钥匙等；个别监狱向女犯提供非传统方案如自动机械技术、电子技术和电视技术、卡车驾驶等。如在加利福尼亚州洛杉矶监狱，为服刑人员提供的职业技术教育包括：柴油发动机管理、理发、印刷技术、电子技术、小型电机修理、房间布置与装潢、焊接技术、玩具管理、管道技术、家用电器修理、铺设地板技术、干洗服务、无浆砌墙技术、汽车维修、绘图技术、盆景和园艺技术、砖石建筑技术、办公机械修理、办公室服务和相关技术、钣金、油漆、家具制作、医疗急救训练等。在该监狱计算机修理车间，摆放了大量由一些大公司捐赠给监狱的等待修理的计算机，然后出售或者供监狱使用。服刑人员在这里获得的计算机修理技术等级证书，可以在全世界通用。服刑人员出狱后，可以凭借在这里学习的技术和获得的技术等级证书，寻求职业。①

第三，职业技术教育的形式。在德国，未成年服刑人员的职业技能教育是在未成年监狱自己设立的学习车间进行的，成年服刑人员的职业技能教育则是在生产车间进行的。职业教育由监狱资深职业培训教员负责，限期一般为三年，特殊的课程可缩短6个月，培训内容要适合于当时的手工业、工业和商业的培训计划以及当时通用的培训计划。培训结束时需要考试，考试合格者发给结业证书，但不得注明证书获得者为服刑人员。除上述基本的职业技能教育培训以外，德国一些州的监狱还与地方劳工局合作，给成年服刑人员提供转学他业的机会。在德国的某些监狱里，服刑人员刑释后并不立即离开监狱重返社会，而是留在监狱内继续参加学习或培训，直至通过考试，取得结业证书，以便增加其重返社会后的谋职能力。此外，在某些州，近年来在成年服刑人员的刑罚执行中，还允许普通公民与服刑人员一起参加狱内的转学他业的职业技能培训教育。②

在法国，政府近年来不断增加服刑人员职业技能教育的拨款，监狱不断完善对服刑人员进行职业技术教育的机构、设施和人员，使服刑人

---

① 武延平主编：《中外监狱法比较研究》，中国政法大学出版社1999年版，第288—301页。

② 司法部编：《外国监狱法汇编》（二），社会科学文献出版社1988年版，第225页。

员能够在狱内受到较为正规的职业技术培训。但法国并非所有的监狱都有职业技术培训机构，对于那些在没有职业技术教育机构的监狱的服刑人员来说，经个人申请，如果其年龄、知识水平和个人才能适合接受这种教育，经司法部门批准可将他送往专门设有职业培训的监狱。法律还规定，服刑人员经批准也可通过自学、参加函授学习的方法，进行职业技术知识学习。如果监狱外举办职业技术培训，对在押服刑人员的社会就业再安置是必需的，那么经监狱长批准，报刑罚执行委员会备案，可以对在押服刑人员实行半自由制度，使其能够到狱外接受相关的职业技能培训。接受培训后，参加考试也可获得社会承认的职业技术证书。①

我国正在进行的改革开放和社会主义市场经济体制建设，为服刑人员出狱后就业、学习知识提供了极为宽松的环境和广泛的机会。通过监狱及社区矫正机构邀请专家为服刑人员开设技术培训课程，根据情况开设技能培训场地、提供图书资料给服刑人员自学和参考，从而使服刑人员在刑罚执行期间掌握更多的实用技能，为刑满释放后的人生做一个铺垫和规划。同时，还应注意对服刑人员出狱后的就业、技能教育进行相应的指导。

服刑人员出狱后就业的渠道主要有：原单位安置；国有企事业单位、集体企事业单位招聘录用；劳动部门和街道就地安置；司法行政、劳动部门开办经济实体予以就业前的过渡性安置；回乡从事农业生产；自谋职业等。对服刑人员回归社会后的就业指导主要从以下三方面进行。

（1）认清就业形势，树立竞争意识。随着市场经济的发展、社会经济结构的变化，整个社会的劳动就业格局也发生了变化。这种变化表现为：由政府安置为主向个人自谋职业转化；由原单位为主向社会多渠道、多层次的谋求职业转化。因此，服刑人员出狱后应面向社会、走向劳动力市场，积极到各生产部门、各劳动岗位参与竞争，寻找适合自己的工作。在单位和工种的选择上，期望值不能过高，不能脱离自身的条件和实际情况挑三拣四，只要有一个正当职业，能够满足自己的生活基

---

① 司法部编：《亚太地区罪犯的矫正和管理——第十一届亚太矫正管理者会议文集》，法律出版社1992年版，第75页。

本要求，就应努力去工作，在艰苦条件下去奋斗，在奋斗中求发展。

（2）鼓励到农村广阔的天地去科学种田，走勤劳致富的道路。在回归社会的服刑人员中，有半数以上之前从事农、林、牧、渔生产。这些人在监狱学到一技之长，学到一定的文化知识后，回农村可以科学种田、种果树，也可以搞副业，走勤劳致富的道路，同样有一条光明的前途，同样可以成家立业。

（3）自谋职业，从事个体经营。根据国务院有关规定，有城镇户口又有经营能力的服刑人员出狱后可以申请个体工商户，经工商部门核准，发给营业执照，从事个体经营。有劳动能力并有一技之长的劳动者，按照国家有关规定申请、登记、获得执照，就可以在自己的岗位上合法经营，只要诚信经营，按规定纳税，同样可以走艰苦创业、勤劳致富的道路。

四　以提高调适能力为目的的心理咨询活动

服刑人员在思想矫正和转变过程中会有心理抵抗的障碍，这种心理障碍主要表现为服刑人员原有的态度、价值观与教育矫正的信息内容所持的立场差距较大，甚至明显对立，出于态度的自我防卫，服刑人员有可能拒绝接受改造教育信息。社会心理学研究认为，当个体在接受某种信息的时候，是要经历心理判断过程的。在他接受该宣传教育信息之前，他已经具有和该态度对象有关联的许多经验，由这些经验汇集而成的态度构成了个体的内在参照体系。如果宣传教育信息的立场与信息接收者的原来态度相距不大，会产生同化的效果，接受者会缩小差距，给予正面评价，将倾向于受传播信息的影响。如果两者差距很大，则产生对比效果，接受者会夸大差距，给予反面评价，态度不愿改变，甚至产生反方向的效果。一些服刑人员心理层面还存在较大的认知障碍，他们偏向于绝对化、片面化和极端化的认知，认知偏激、简单、肤浅，往往盲目地怀疑一切、否定一切，异常敏感，且倾向于选择消极的信息进行加工和吸收，结果导致偏差态度的形成。

因此，在对服刑人员进行说服教育、转变态度的过程中，了解服刑人员的心理发展趋势和动向，并进行有效的心理调适，在此基础上循循善诱，循序渐进，逐步提出要求，就可以克服服刑人员态度的自我防卫倾向，最终将服刑人员的态度引导到符合社会要求的方向上来。服刑人员心理问题的调试可以结合日常的监管矫治工作进行。

（一）在服刑人员矫治工作中设置心理健康教育课程

应以心理健康教育为核心，结合心理矫治活动，有计划、有步骤地针对服刑人员心理问题进行疏导，让他们学习心理卫生基础知识，学习与心理问题产生相关的心理学原理，学会不良心理自我调节与控制的方法，培养良好的心理品质，最终拥有健康良好的心理素质。

在服刑人员心理健康教育中，除了运用诸如墙报、监狱机构小报、心理卫生手册等辅助教育方式之外，还应当把理论学习和心理训练相结合，运用典型案例剖析、集体讨论、情景训练、角色扮演等多种方法进行教学，强化服刑人员对心理问题的自我克服和调适。

（二）集体心理健康教育

对服刑人员进行集体心理健康教育是针对服刑人员群体中存在的共同心理问题，而采取的教育疏导方式。服刑人员处在同一个服刑改造的环境中，常常会由于共同的诱因，产生一些共性的心理问题，对这些共性的心理问题，采取集体心理健康教育是比较好的方式。它与对服刑人员所进行的健康课程教育有明显的不同，它着力于解决服刑人员群体所存在的心理问题。而对服刑人员的心理健康课程教育，则致力于增长服刑人员的心理卫生知识，转变健康观念，提高自我调控能力。

（三）个别心理健康教育

共性寓于个性之中，对服刑人员进行的集体心理健康教育，固然能使服刑人员存在的共性心理问题得到缓解或克服，但由于认识能力、理解水平、心理问题对个体的影响程度等，存在着个体差异，同时，不同的服刑人员个体，其心理问题也存在着差异，因此，需要采取个别教育的方法，有针对性地进行服刑人员心理健康教育。

个别心理健康教育，最为突出的就是一对一的模式，在深刻把握心理问题，进行具体分析的基础上，达到解决问题的终极目的。因此，对服刑人员的个别教育要综合运用个别咨询和个别教育的技巧，循序渐进，解决个体的心理问题。

（四）服刑人员的自我教育

服刑人员心理健康教育的成功与否，在很大程度上有赖于服刑人员积极投入和主动参与。因此，服刑人员对自我的心理教育、自我训练和自我实践，是服刑人员心理健康教育的重要形式和方法。

实践证明，服刑人员自我教育的最为重要的方法就是自我情绪的调节，其手段包括：首先，正确认识自己的服刑生活，保持心理平衡。对自己受到刑事惩罚要有一个正确的认识，要客观地做出评价，多从自己走上犯罪道路的原因入手，寻找自己所存在的社会化缺陷，正确对待引起不良情绪的事件，保持一个平衡的心态。其次，在必要时，可采取一些心理防御手段，以避免或减轻有害情绪所造成的痛苦。

大量的理论研究证明，服刑人员不是改造的积极客体，而是能动的主体。所以，在服刑人员心理健康教育方法上，矫正工作者应注重服刑人员的主体地位。对于服刑人员的不健康心理，在外部力量介入的同时，应注重服刑人员自我调节方法的传授。如精神超越法、以情胜情法、性情陶冶法、自我控制法、以理节欲法、自我激励法、静态安神法、转移目标法、释疑纠偏法、角色互换法、厌恶刺激法等，都可以向服刑人员传授，并给以正确引导。

在开发服刑人员自身潜力的同时，还要注重利用服刑人员群体的力量，营造一种积极的心理互动的环境。比如，编排心理游戏、心理剧，组织心理矫治典型进行现身说法等。与此同时，为服刑人员创造一个相对宽松的心理互动环境，以便他们相互之间施加有益的影响，彼此之间建立和谐的人际关系。例如，江苏省扬州市某监狱成立"心理倾诉室"，让服刑人员担任疏导员，利用服刑人员心理疏导员便于接触、善于沟通的特点，让服刑人员主动走进"心理倾诉室"，接受心理咨询和情感疏导。把"心理倾诉室"当成自己的"知心朋友"，把心中的烦闷一泄而出，调整好心情，积极投入矫正中去。这对服刑人员消除情感障碍，合理宣泄情绪压力，强化心理素质，促进思想稳定，提高改造质量，发挥了积极的作用。

（五）社会教育

个人具有什么样的心理状态，以及选择什么样的发展方向，不仅受到社会各个方面的影响，而且与个体当前所处的社会地位以及个体对这一社会地位的认识有很大的关系。服刑人员虽然所处的环境是一个特定的社会环境，但它与社会有着千丝万缕的联系，宏观社会环境对服刑人员个体心理状态的转变起着潜移默化的作用。服刑人员除在监狱行刑外，还有相当一部分是以非监禁刑的形式进行，社区矫正作为监外行刑的重要场域，注重服刑人员的心理健康，是社区矫正工作的重要任务之一。

在社区进行矫正的服刑人员，其心理适应最主要的就是对于人际关系的适应。人是社会的动物，群体生活、与人交往是人的天性，是人生活的主要内容。在不断与人交往的过程中，在学会各种知识和经验的同时，也学会了遵守社会规范和法律规范。因此，良好的人际关系是维持服刑人员心理平衡和个性正常发展的重要因素。社区矫正为服刑人员营造良好人际关系提供了比监狱更为宽广的平台。对于矫正工作者而言，应运用现代心理治疗技术，及时发现和治疗有心理问题的服刑人员。因为服刑人员作为社会中特殊的一个群体，在心理健康的水平上，有不同于正常人的心理特点，有相当一部分性格存在缺陷。因此，矫正工作者须对服刑人员的心理健康标准进行总结和归纳，并在服刑人员心理健康教育中，使每个服刑人员都能正确认识和分析自己的心理状况，促进服刑人员心理健康。

因此，对服刑人员的心理健康教育也应当是一种开放教育。首先，应当以以前的社会状态和未来社会的发展为背景，选择服刑人员关心的或与服刑人员有密切关系的问题，组织服刑人员心理健康教育的内容；其次，运用各种社会关系，开展形式多样的、由社会各界参与的心理教育形式。当服刑人员感受到并理性地意识到社会对他的接纳和要求时，会形成积极向上的自我动力，强化自我克服心理问题的能力。

通过2012年9月走访江苏扬州市某区监狱笔者了解到，监狱以心理矫治"七室"建设为契机，健全了监狱心理矫治中心、监区心理矫治辅导站和罪犯心理互助员三级心理矫治体系，修订了《心理矫治中心工作规范》，完善了包括心理健康教育、心理测量、档案管理、案例分析、个案会诊、周例会、月分析等心理矫治工作制度，明确了工作内容、细化了工作流程、完善了工作方法，使监狱心理矫治中心工作制度化、规范化和常态化。通过举办心理矫治业务培训、经验交流、个案分析会，使从事心理矫治工作的心理咨询师能力得到提升。

监狱心理矫治中心在做好团体心理测量和心理咨询工作的基础上，

综合运用科技手段为 28 名罪犯解决了深层次的心理问题，通过开展 4 期团体咨询，使 62 名罪犯舒缓了情绪，转变了改造态度；以现代网络技术应用为基础，加强女警网络视频咨询和谈话，女警通过网络视频在半年内对 152 名罪犯开展了网络视频咨询和谈话，切实起到了稳定罪犯思想情绪的作用；运用反馈型音乐放松椅，对 87 名罪犯开展了生理指标采集、压力与情绪评估、心身状态调节、情绪稳定性训练，使他们掌握了心情放松的方法，帮助他们缓解和消除心理过分紧张带来的不良情绪；开展罪犯心理辅导，通过对新入监罪犯和将出监罪犯中存在的心理问题，有针对性地开展心理辅导活动，使罪犯中存在的焦虑、紧张等情绪症状得到有效的调适，促进了监狱安全稳定。

第四节　从监区到社区：思想矫正内外环境的和谐建构

思想矫正环境是服刑人员进行改造重要的媒介，它蕴含着丰富的教育资源，特别是现代社会的政治环境、经济环境、文化环境是进行思想矫正的重要条件。服刑人员思想矫正作为有目的、有计划的教育实践活动，在教育过程中，营造良好的矫正环境，对服刑人员矫正效果的提升、和谐社会的稳固发展，起着重要的促进作用。

一　"监区、家庭与社会"三位一体互动环境的生成

马克思曾说过："既然人的性格是由环境造成的，那就必须使环境成为合乎人性的环境。"① 物质环境和精神环境的开发有利于挖掘思想矫正外在因素，实现外在因素向内在因素的转化，形成服刑人员的自我教育，有利于把直接教育与间接教育协调起来，收到"随风潜入夜，润物细无声"的效果，有利于整合矫正过程中的诸要素的关系，形成服刑人员思想矫正工作的合力。

（一）提升狱内服刑人员生活环境建设

狱内的服刑人员，一方面其原有的反社会的、旧的畸形的思想观念

---

① 《马克思恩格斯全集》第 2 卷，人民出版社 1957 年版，第 167 页。

处在矫正过程中，另一方面，符合社会规范的新的价值观也随之生成。基本的物质环境营造是矫正工作进行的前提和基础。物质环境的营造是有形的，它是通过一定的物质形式触动服刑人员内在思想和情感的变化，体现在服刑人员在狱中的吃穿住、医疗卫生、劳动保护、安全生产等各个方面。这些基本条件的满足，能使服刑人员有基本的生活保障，服刑人员也能够接受矫正改造，从而消除对立情绪，引起自我矫正的愿望，进而激发和培养思想层面的矫正工作。笔者在走访的过程中，通过与服刑人员谈话了解到，服刑人员一开始往往是从对他们的基本物质保障方面来衡量监狱及矫正工作者是否真心帮助、挽救他们的。如果服刑人员处在吃不饱、睡不好、身体健康没有保证、经常加班加点超体力劳动的情况下，是不可能对监狱及矫正工作者产生认同感的，也不会积极配合接受教育和矫正，甚至会造成服刑人员与矫正工作者之间情绪上的严重对立。因而，在环境的营造方面，应尽可能达到以下标准。

第一，服刑人员居住的监房要求通风、透光、清洁、保暖，人均居住面积不少于3平方米。监区环境适合居住和活动，设有相应的运动场地或活动场地等，还应有相当面积的绿化，如花坛、亭阁、草坪的修建与维护。

第二，服刑人员的伙食标准一般参照当地居民平均水平确定，以实物量计算，不随物价的波动而受影响。监狱应对服刑人员的伙食供应加以重视，保证餐餐吃饱、吃热、吃熟、吃得卫生，逢年过节适当改善伙食，在特殊日子如中秋节、春节，还应适当发些水果或点心。

第三，监狱应按监区划分设立医院和医务室。每个监区需设有医务室，有专职医生。服刑人员在入监时必须经过严格的体检。另外，服刑人员每人每年至少要体检一次，监区的专职医勤人员每天都应给患病的服刑人员按时发放药品。

实践过程中，有的地区非常重视监狱的生活水平的提高，浙江宁波某监狱为进一步规范监狱管理，切实维护服刑人员合法权益，呈现出"两提高、一改善、一降低"的可喜变化。所谓"两提高"，即提高服刑人员生活保障水平，提高服刑人员医疗保障水平。监狱党委始终坚持以监管安全稳定工作为中心，高度重视生活卫生工作，形成了全员参与、齐抓共管、全额保障、规范管理的良性运行机制。不定期召开生活卫生工作专题会议，每月定期召开"伙委会"会议，每季度开展一次服刑人员大接访活动，征求服刑人员对生活卫生工作的意见和建议，及时研究解决生活卫生管理工作中存在的问题。在严格落实服刑人员生活实物定量标准的基础上，增加专项资金80万元用于补贴服刑人员伙食。积极开展自种、自养、自加工生产，养猪的存栏数始终保持在300头左右，实现了服刑人员食堂食用猪肉的足额自给，确保了服刑人员生活质量不因物价上涨而受到影响。每周都精心制订菜谱，每日不重复，并坚持实施隔日早餐为服刑人员每人供应一个鸡蛋，早餐供应豆浆，保证营养平衡。建立食品留样制度，确保食品安全。春节还精心安排了"十菜一汤"的年夜饭，让服刑人员感受到在家过年的温馨。全年人均月开支伙食费164.52元，服刑人员伙食水平明显改善，没有发生一起集体食物中毒事件，服刑人员及其亲属对服刑人员伙食的满意率大幅度提高。

在提高服刑人员医疗保障水平方面，监狱党委在巩固标准化医疗防疫站建设成果的基础上，充分利用社会医疗资源，加快监狱生活卫生工作社会化进程。积极开展与地方卫生部门的紧密联系，建立了服刑人员救治"绿色通道"。先后三次邀请社会医院的专家带着先进的检查设施，走进监狱，为服刑人员体检、义诊、手术，确保服刑人员常见病、多发病得到及时有效的诊疗。逐步确立社会卫生资源信息共享和服刑人员病危处置联动机制，提高服刑人员健康权益保障水平。全年共接待门诊病犯13500人次，收治住院病犯49人次，争取到9名结核病犯的免费治疗。狱内无疫情或药品使用事故发生。

"一改善"，即改善服刑人员生活卫生条件。监狱不但注重环境卫生的大整治，同时还注重培养服刑人员良好的个人卫生习惯。在对原有服刑人员食堂的设施进行改良的基础上，又重新配置了大功率的抽烟机、不锈钢餐具、饭箱，对食堂66名服刑人员炊事员进行了健康体检，确保食堂环境的整洁卫生。为提高送饭、供水的效率，购买了两台电动车用于给服刑人员送饭、送水。在统一规范配发被服的同时，坚持每月至少组织服刑人员洗澡两次，定期发放洗涤用品，配合劳动改造部门改造车间环境，提高劳动保护绩效，确保服刑人员健康服刑。监狱每年过节都为"三无"犯人及家庭困难服刑人员发放洗衣粉、肥皂、牙膏等生活日用品，为住院病犯发放白糖、奶粉、副食等节日慰问品，在冬季为老弱病残犯增发棉衣、被褥，使他们充分感受到党和政府的温暖，从而安心改造。对原亲情餐厅进行改造，设立了狱内小餐厅，每周为各分监区过生日的服刑人员集中安排生日餐，对各分监区综合改造表现好的服刑人员奖励其在小餐厅订餐，体现了人道主义政策，服务于监管改造工作，并提高了服刑人员改造的积极性。服刑人员的改造环境发生巨大变化，生活条件得到根本改善。

"一降低"即降低服刑人员病死率。监狱建立医生外出巡诊和包联分监区工作制度，现场解决服刑人员医疗需求。大胆创新管理模式，设立了老病残犯集中管理区，进行不间断的巡诊治疗。定期邀请医疗专家来监开展卫生常识、心理健康知识、艾滋病等传染性疾病预防知识的宣传教育讲座。

扎实高效的生活卫生管理工作，使得全监狱杜绝了各种流行病、传染病，确保了服刑人员的身心健康，稳定了服刑人员的改造情绪，有效地维护了监管改造秩序，为实现监狱安全"四无"，发挥了积极保障作用。

（二）紧紧围绕社会主义核心价值观，形成能够凝聚人心、激发活力的文化氛围

第一，以文化活动为载体，积极开展健康向上的文化活动。据报道，新疆乌鲁木齐某监狱政治处大力加强文化建设，实施"十个一"工程。即在监狱每年举办一次文艺会演、一次演讲比赛、一次知识竞赛、一次征文比赛，观看一部优秀影视作品；每半年举办一次文体比赛、一次先进典型事迹报告会、一次板报比赛；每个季度读一本好书，写一篇读书笔记。通过举办书画展、诗歌朗诵会、歌曲比赛、舞蹈比赛等活动，培养服刑人员健康向上的爱好和兴趣，使服刑人员从中得到情操的陶冶、人生的启迪和精神的升华。

第二，以新闻传媒为途径，在紧紧把握正确舆论导向、坚持正面宣传为主的前提下，围绕监区文化建设的中心，在电视台、广播、报刊开辟文化宣传阵地，抓住热点和服刑人员队伍中的闪光点进行宣传，搭建服刑人员展示才华和相互交流的平台。通过媒介途径树立典范，在服刑人员群体中进行学习、示范，运用榜样激励的教育方法使服刑人员产生

认同。

第三，加快监狱文化设施建设。进一步健全监狱图书馆、阅览室、健身房等文化活动的场地、设施，完备必要的图书和器材；采取积极措施，提高各种设施的利用率，结合监狱工作实际，完善相关的配套制度，并形成长效机制。

实践中，新疆第三监狱坚持以文化为引领，以"广场文化、假日文化、美育文化、益智文化、情感文化、社会文化和健康文化"七大特色文化建设铸就监狱文化建设品牌。自 2012 年以来，该监狱大力推进"一个监所一个品牌、一个监区一个特色"文化品牌活动，用文化教育改造人、用文化熏陶感化人、用先进的思想激励挽救人，推出一系列文化视觉大餐，以广场文艺演出、假日亲情帮教、服刑人员音乐室、医疗远程会诊、太极拳表演、根雕艺术展示、笑脸墙、唱红歌、读经典、看红片、法律知识进课堂等监区品牌文化引导、激励服刑人员改过自新。

各监所还深化教育改造模式，提炼服刑人员改造核心价值理念，规划监区文化建设远景，凝练品牌内涵和标识，举办各类丰富多彩的文体活动，陶冶情操、净化心灵、塑造健康心理，构建起监管安全稳定的思想基础。各监所与自治区文化厅、图书馆联合举办大型名著欣赏、名著导读、名家讲座、征文比赛和"中华魂书籍进监区"系列活动，17 名服刑人员赢得读书征文比赛一等奖、二等奖、三等奖和优秀奖；建立监区文化广场、监区文化长廊、监区文化墙，提升了监区文化建设档次和品味，成为高墙内一道亮丽的风景线。

（三）重视和加强亲情帮教

著名社会学家费孝通先生曾经对中国人的社会交往与人际关系进行过深入研究，并且提出了著名的"差序格局"理论。他认为，中国人的人际关系的实质可以用这样一幅图景呈现：将一颗石子扔进平静的水面，水面就会泛起的波纹。这些波纹都以这颗石子为圆心，形成数个同心圆。在这样一幅图景中，每个人都是圆心，离圆心最近的那一个圆圈就是家庭，第二圈是亲戚，第三圈可能是朋友，依此类推，构成了中国人人际交往的图景。联结这些同心圆的根本因素就是血缘关系。血缘关系越近，圆圈离圆心越近，圆圈越小；血缘关系越远，圆圈离圆心越远，圆圈越大。即血缘关系决定了人际关系的亲疏远近。很显然，家庭是每个人最亲密的人际圈子、血缘关系最浓的亲属圈子。①

因此，矫正工作者要注重结合服刑人员亲属、家庭来开展工作。确立亲情帮教制度，能够使服刑人员感受到家庭成员不排斥他，而是关心他、接纳他，服刑人员自身就会情绪很稳定，改造的积极性会增强，深刻认识到自身所做行为的危害性，真正悔过。同时，家属通过矫正机构组织的座谈会、交流会及时了解服刑人员行刑矫正的情况进展，也是新时期矫正机构关怀服刑人员的一种重要体现。把矫正工作者对服刑人员的教育矫正和亲情帮教工作联系起来，才会起到教育和感化的双重效应。

利用亲属开展工作的方法很多，有许多文章可以做。如与家庭签订"帮教协议"，直接将防逃作为其中的一项重要内容；请服刑人员亲属来监共度佳节，消除部分服刑人员的思亲之情；请服刑人员亲属做"防逃规劝"，公开进行反脱逃教育，帮助服刑人员亲属解决实际困难，注意解除服刑人员的后顾之忧。利用服刑人员与家庭的特殊关系和特殊感情，去影响服刑人员。要引导他们会算"危害账"，不仅算对社会和他人的损失，也算给本人特别是家庭带来的损失，多考虑一下父母兄弟、妻儿老小的处境，从而更好地诱发其悔罪意识。服刑人员越觉得对不起家庭，对家庭的感情越深，积极矫正的可能性就越高。

二　"政府主力与社会协力"多管齐下有机环境的形成

社区矫正以实现服刑人员的再社会化为目标，以预防和抑制犯罪为终极目的。我国社会长期的重刑主义思想对服刑人员改造影响比较大，虽然司法部门对于各种违法、犯罪采取了惩罚的方式，但预防和惩罚犯罪的效果不是很理想。重刑主义理念下的刑罚制裁方式似乎难与讲究宽容、文明惩罚的国际先进法治理念同步，也和努力构建和谐社会的国家方针、政策、国情相悖。而社区矫正作为一种新兴矫正方式，近年来在我国一些省、市已得到较好应用，其通过社会力量来帮助服刑人员实现人生观、价值观的转变，尽快适应社会生活。

---

① 费孝通：《乡土中国生育制度》，北京大学出版社1998年版，第24—30页。

（一）社区矫正的界定及其发展

从"场"的空间角度出发，监狱作为服刑人员行刑的主要"场"，由于其封闭性，服刑人员的矫正和教育不能得到很好的社会化，思想观念也难以与时俱进。而社区作为人们生活的重要"场"，也包含犯罪情节轻微的服刑人员或曾经犯罪的刑释人员，与监狱不同的是，社区"场"有着更广阔的空间和更丰富的教育实践活动，服刑人员与家人生活在一起，会使他们感受到家庭的温暖和对家人的愧疚感，从而激发重新做人的强大动力，与社会其他人在一起，会降低他人对这类群体的排斥度，减轻服刑人员的思想和心理负担。

社区矫正（community corrections）是由专门机构负责，由专门的矫正工作者和相关志愿者，动员社会力量，在社区内对符合非监禁条件的服刑人员进行监督改造、思想矫正、内在感化的一种行刑方式以及对出狱人和违法青少年进行的保护性工作。社区矫正作为一个舶来品，在我国正处于探索和发展阶段，其宗旨是教育矫正服刑人员，促使其树立符合社会主流意识形态的价值观，更好地完成再社会化。

具体说来，社区矫正有以下几个特点。

第一，社区矫正体现了非监禁性和社区参与性。社区矫正是一种在社区中进行的活动，特别是在服刑人员所在的当地的社区进行而非监狱内，一般指社区居委会、医院、敬老院、福利院等场所，服刑人员不需要与社会隔离，他们仍然可以生活在自己的家庭中，享受较大的自由度，工作和日常生活也不会由于服刑而受到很大的干扰。

第二，社区矫正教育是社区矫正的一项重要内容，是最能攻心治本、促进服刑人员矫正的一项活动。在《关于开展社区矫正试点工作的通知》中，就强调指出，社区矫正必须"从根本上提高对罪犯的教育改造质量"。并且将社区矫正概括为"在非监禁环境下对罪犯进行的教育改造与管理"。

第三，社区矫正教育的实质是社区矫正教育对象的再社会化。利用社区对服刑人员进行矫正是社区的优势，也是其突出特点。社区矫正教育的力量来自社会。社区矫正机关组织社会团体、民间组织和社会志愿者对矫正对象开展经常性的帮教活动，并通过矫正对象的亲属加强对矫正对象的教育，这些社会力量都是社区矫正教育可利用的有效资源。

第四，社区矫正体现了人类刑罚从严酷到轻缓的趋势。社区矫正教育对象，是指被处以社区矫正刑罚的各类罪犯。大多数国家通常把被判处缓刑和假释的罪犯作为社区矫正教育对象。我国的社区矫正教育对象目前包括五种：被判处管制刑罚的罪犯、被判处缓刑的罪犯、被剥夺政治权利的罪犯（如果被判处附加剥夺政治权利，则必须是主刑已经服完或假释）、被监外执行的罪犯、被假释的罪犯。

第五，经济性。任何行刑与矫正活动都是要成本投入的。然而犯罪的存在与增量是无限的，国家刑罚资源永远是有限的，用有限的资源治理无限的犯罪与罪犯是永远打不赢的战争。因此，需要社会力量与资源参与犯罪的防治与罪犯的矫治。社区矫正因不需花费巨资建造高墙监舍，也不需要持续不断地投资养活罪犯和支付监管民警及工作人员的工资和福利，因而能节省大量的行刑成本，以便国家更好地用于全民福利、公共基础建设和开展全方位的防治犯罪活动。

社区矫正，是通过在社区环境内处遇矫正犯罪人，来维护公民个人的合法权益，保障社会利益。其优势主要有以下几个方面。①

（1）社区矫正以非监禁方式对犯罪进行教育和改造。监禁矫正存在着明显的缺陷与弊端，容易导致罪犯交叉感染，传播犯罪技巧或犯罪方法。社区矫正以非监禁、不关押的方式对犯罪进行改造和教育，使服刑人员在正常的社会环境中改造，有利于顺利回归社会。社区矫正成为替代监禁行刑的最优选择。

（2）社区矫正更加凸显对服刑人员的思想教育。非监禁性作为社区矫正的一个特点，它不具有监狱那样的强制力来约束服刑人员的行为，主要依靠社会的力量，特别是依据社会矫正工作人员的人格、言行、知识、能力等教育、感化服刑人员。在没有法律强制力保证的情况下，社区矫正工作人员与服刑人员共同生活在相同的社会环境中，工作人员的人格魅力、道德水平对服刑人员的影响很大，因此，需要强调矫正工作人员的职责和要求，提高矫正工作者的道德水平，实现对服刑人员人性化的改造，使他们顺利回归社会。

（3）减少了社区矫正工作者与服刑人员的冲突。监禁制度的推行，

---

① 王志亮、王俊莉：《关于我国社区矫正制度的思考》，《中国司法》2004 年第 12 期。

虽然也强调服刑人员思想教育活动，但监禁的主要特点是限制人身自由，使他们服从监狱的规定和制度。社区矫正不是要罪犯服从，目的是要帮助他们解决实际问题，特别要从思想上对服刑人员进行教育和矫正。矫正的轻缓化凸显了矫正工作者与服刑人员之间的平等性，社区矫正应激发服刑人员自我改造、自我教育的热情，在进行监督工作的同时更要注重服刑人员的发展。这种行刑理念减少了矫正工作者和服刑人员的冲突和摩擦。

我国司法机关十分重视社区矫正工作。2003年7月10日，最高人民法院、最高人民检察院、公安部、司法部下发了《关于开展社区矫正试点工作的通知》，在北京、上海、山东、浙江、天津、江苏6省市进行试点工作。2004年迅速扩展到全国18个省、自治区、直辖市。据报道，2010年江苏省所有市司法局全部建立了社区矫正处，88个县（市、区）司法局设立了社区矫正科，占全省县（市、区）总数的83%，全省共招聘专职工作者1809人，招募志愿者48352人。吉林省司法所社区矫正工作人员、社会工作者、社会志愿者分别达到1692人、291人、4800人。① 社区矫正制度的建立，有力地避免了服刑人员之间恶习的传染，消除了刑满释放之后对社会造成危害的可能性。

（二）构建政府组织为主导、多种力量参与的社区矫正模式

第一，构建以政法委统一领导的"三级一体"的矫正机构。

社区服刑人员的思想矫正需要以政府和社会力量为依托，充分调动社会资源共同努力做好社区矫正工作。当前，社区服刑人员思想矫正工作应当构建三级一体的网络化模式，第一层级为思想矫正教育工作的领导小组，由省、市政法委牵头，监狱部门、公安局、检察院、法院、司法局、人力资源保障局等部门参加的工作格局。其中人民法院是缓刑、假释、管制和剥夺政治权利的矫正对象审批机关；监狱部门是监外执行的矫正对象的审批机关，并负责向社区派驻司法警察，配合做好矫正对象的管理教育工作；司法部门作为社区服刑人员思想矫正工作实施的领导机构，在选聘矫正工作者、开展思想矫正活动方面起着主导作用。第

---

① 《各地扎实推进社区矫正工作　北京等10省（市）覆盖面已达100%》，《法制日报》2010年6月7日。

二层级为服刑人员思想矫正工作的专门组织机构，这些机构不是司法局的下属机构或内设机构，而是与司法局或社区街道签署有关协议的专业咨询所或者是技能培训机构，矫正机构通过与这些专业机构进行合作，从而为服刑人员思想矫正工作提供具有针对性的专业辅导。第三层级是热衷于司法事业、将挽救服刑人员看作是医治生病患者的热心志愿者，通过无偿的社会服务活动，例如带领服刑人员做义工，参观红色革命纪念馆瞻仰烈士，搭建"一帮一结对子"行动等，为社会的和谐做出自己的贡献。在实践操作中，应将这三个层级进行有机结合，充分发挥专业机构和志愿者的积极作用，在矫正机构的设立方面，还应重视基层组织的影响，发挥居委会、村小组这类贴近服刑人员生活的组织的实际作用。将对服刑人员的监控转变成真正的教育和矫正，实现三级一体的地域共享机制。

第二，充分运用社会教化的思想矫正支持系统帮助服刑人员。

社会教化是指社会通过社会机构及其执行者对服刑人员实施思想矫正的过程。社会总是按照自己的意志和品格来塑造个体，它力图把业已形成的社会关系、社会文化传统和社会制度灌输给个人，使其在原有的、既定的轨道上运行。社会教化机构包括家庭、学校、社会团体、社会组织、大众传媒等。社会教化的执行者是指这些机构和组织者以及具体实施社会教化的人。社会教化的具体形式大致分为两类：一类是系统、正规的教育，最典型的就是各级学校对学生的教育，还有监狱等机构对违法犯罪者的改造；另一类是非系统、非正规的教育，如社会风俗、大众传播媒介、群体亚文化等对服刑人员的教育和影响。无论什么样的教化形式都对人的成长、心理性格的成熟和变化及行为方式的选择，产生重要的、潜移默化的影响。

（三）建立社区矫正志愿者工作机制

思想矫正志愿者就是在思想矫正领域无偿进行辅助工作或者提供有关服务的人员。矫正志愿者为执法部门（主要是警察机构）、法庭和矫正机构无偿提供了大量的辅助性工作或者有关的服务。这里的"无偿"是指不发薪水或者工资，但提供一定的物质津贴，包括提供交通补贴、午餐补助等。建立志愿者工作制度能够调动社会各方面的资源，弥补政府或专业服务机构资源的不足。

　　国外志愿者及志愿组织对服刑人员进行思想矫正的参与历史比我国起步要早，被称为"志愿缓刑官"（Volunteer Probation Officer，VPO）[1]或"社区矫正志愿者"（volunteer in community-based corrections）[2]。美国是最具代表性的国家之一。1959 年在美国发生的一个事件，促使美国志愿组织将服刑人员思想矫正提到一个重要的高度。"美国密歇根州罗亚尔·奥克市（Royal Oak）的 8 位市民与城市法庭（municipal court）的法官基思·利恩霍茨（Keith J. Leenhouts）进行座谈，讨论该法庭的一些问题，从而开始了一项志愿者计划（volunteer program），负责被该法庭判处的 17 名轻服刑人员的缓刑工作。在 9 个月中，有 30 名志愿者对 75 名缓刑犯进行思想矫正。由于大多数志愿者是非法律工作者，而散落于社会中的服刑人员的行为还应受到相应的约束和监督，因而后来雇用了一名首席缓刑官，花更多的时间监督缓刑犯。他的薪水从当地商人的私人捐赠中支付。还以同样的方式雇用了其他的志愿者协调员。到 1965 年时，该市提供了 17000 美元的预算，私人捐赠也大约有 8000 美元，一起帮助实施这个矫正计划。其中，有 7 名退休人员管理这项计划，有 12 名兼职的专业首席咨询员（professional chief counselor）对服刑人员开展工作并协调志愿人员。一名兼职的员工精神病学家（staff psychiatrist）协调从附近医院和私人诊所来的 35 名志愿精神病学家（volunteer psychiatrist）的活动。3 名退休人员在志愿精神病学家和心理学家们的帮助下，进行量刑前调查。这些志愿人员帮助了大约 20% 的服刑人员。"[3]

　　在其他国家的社区矫正领域中，也活跃着大量的志愿者。例如在日本，在专业司法工作人员（Professional Probation Officer，PPO）的指导下，志愿者大多数从事与服刑人员面对面接触的工作；每名志愿矫正人员负责大约 90 名服刑人员，但是，每名志愿者也得到大约 80 名其他志

　　[1] Todd R. Clear, Harry R. Dammer, *The Fender in the Community*, Belmont, C. A.：Thomson/Wadsworth, 2003, p. 460.

　　[2] Vernon Fox, *Community-based Corrections*, Englewood Cliffs, N. J.：Prentice-Hall, 1977, p. 243.

　　[3] Howard Abadinsky, *Probation and Parole：Theory and Practice*, 8ed, Upper Saddle River, N. J.：Prentice Hall, 2003, p. 340.

愿者的协助。这种将近1：1的比率，可以提供更多样化的矫正活动。①

当然，也有一些国家很少或者没有志愿工作的传统，服刑人员的思想矫正工作由拿薪工作者（paid worker）进行。例如在捷克共和国，由劳动与社会事务部（Ministry of Labour and Social Affairs）雇佣社会监护人（social curator）开展矫正监督工作。②

在我国，志愿者招募工作的开展主要依靠街道党工委进一步挖掘社区资源，组建一支以社区党员为主体、动员社区群众参加的有较高政治素质的司法志愿者队伍。通过社区、相关工作单位、高校等场所征集和吸纳一些热衷参与公益活动、有耐心并善于做思想工作、能及时为他人解除思想困惑、富有强烈的社会责任心的志愿人员。由于服刑人员角色的特殊性，志愿者在矫正工作中应从以下几个方面开展工作。

（1）矫正志愿者应通过以情感人、思想感化等方式矫正服刑人员。由于一些服刑人员性格方面较为叛逆，对矫正人员的教育表现出逆反的行为或心态，因而，在排除危险性的情况下，矫正人员应尽可能进行思想疏导，尽量少采用或者不采用惩罚手段，真正使服刑人员达到心理上的认同，愿意积极配合学习和改造。

（2）矫正志愿者需克服"标签效应"，平和耐心促进服刑人员顺利复归。这就意味着，在与服刑人员相处的过程中，不对服刑人员进行惩罚，也不对服刑人员充满怨恨情绪。这种关系就像医生与病人的关系一样。在社会交往过程中往往存在"标签效应"，也即曾经犯罪的人往往被他人贴上"坏人"的标签，在言论的影响下，周围的人对其进行疏远和隔离。这种情况的出现对犯罪人的心理及日后的工作、生活都会带来很大的影响，不利于服刑人员有效地回归社会。

（3）矫正志愿者需自觉提升自我修养的境界。矫正工作者对服刑人员进行思想矫正，其自身需要有明辨是非的能力，有判断善恶的坚强意志力，唯此，在矫正的过程中才能对服刑人员的思想及行为做出准确及时的引导。

---

① Philip L. Reichel, *Comparative Criminal Justice Systems*, Upper Saddle River, N. J.：Pearson/Prentice—Hall, 2010, p. 311.

② Anton van Kalmthout, Jenny Roberts & Sandra Vinding（eds.）, *Probation and Probation Services in the EU Accession Countries*, The Netherlands：Wolf Legal Publishers, 2010, p. 5.

在工作内容方面，矫正志愿者需做到：榜样示范作用；充当文化教育、职业技能教育和社会技能教育方面的教师；对服刑人员进行观察、诊断，搜集有关他们的信息，聆听他们的看法；参与决策活动，为决策活动提供咨询和建议。

志愿者队伍形成后，在明确的工作任务指导下，可以采取多样化的矫正志愿者服务模式：第一种模式是针对不同犯罪类型的服刑人员，采取一对一模式，按照这种模式提供志愿服务时，志愿者可以更好地与服刑人员进行沟通，获得服刑人员的信任，帮助服刑人员顺利地在社会中生活，帮助他们认识自己在社会中的角色，帮助他们计划未来。第二种模式是专业化模式，当志愿者在自己的领域中是专业人员或者准专业人员，例如教师、技术人员等时，他们就按照这种模式提供志愿服务，利用自己的专业技能帮助当事人。例如，在美国佛罗里达州矫正局，有金融规划专家担任志愿者，这样的志愿者可以帮助当事人制订和维持可行的家庭预算，从而为服刑人员刑满释放后回归家庭提供稳定的因素。

志愿服务是当前社区矫正的一种新趋向，是充分利用社会资源、提高工作效率的重要体现，服刑人员思想矫正志愿者通常是关心服刑人员思想工作的群体，他们愿意为这类特殊群体进行思想上的疏导，提供一定的帮助。现实中志愿者通常由服刑人员的亲友、高校师生、咨询师组成。随着社区矫正的发展，司法机关和政府应调动社会各界资源，使更多的群体和个人投入对特殊群体的改造事业中来，这对改变社会中他人对服刑人员持有的传统偏见、增强服刑人员回归社会的信心，有着重要的促进意义。

第五节　从观念到制度：思想矫正系统制度的创建

一　思想矫正工作衔接制度之完善

服刑人员思想矫正工作分为狱内矫正和社会矫正两个方面。服刑人员狱内思想矫正是法院进行判决后，在监狱内执行刑罚的同时通过狱警及兼职教师对其进行思想矫正。社会矫正程序及其设置较为复杂，需要有相应的衔接制度加以安排。

服刑人员社会思想矫正工作应制定相应的接收制度，对犯罪情节较轻、社会危害不大的服刑人员，在判决、裁定或决定确定之后，在法定时间内，矫正对象应按时到矫正机构报到，矫正机构和矫正工作者依法办理接收手续。对于不同类型的矫正对象，由于做出判决、裁定和决定的机关不同，因而在履行法定接收手续方面也不一样。目前，在调研过程中结合一些地区的实践关于衔接接收制度，在今后的工作中可以表现为以下流程。

矫正接收机关是矫正对象居住地的司法所，矫正对象在判决、裁定、决定发生法律效力之日起 7 日内或者离开监所之日起 7 日内到居住地司法所报到。司法行政机关应当及时接收人民法院、公安机关和监狱发出的有关矫正对象的法律文书和有关资料。

服刑人员的衔接机关主要有人民法院、监狱、看守所，根据相关判决，在指定期日内，向矫正机关送达执行通知书和决定书，司法所在接到人民法院的判决、裁定或者监狱管理机关、公安机关的决定后，在规定的期日内把相关材料移送给实际执行地的街道（乡镇）矫正工作机构，并根据矫正对象的具体情况指导、帮助制订矫正方案。在矫正对象接受过程中，司法局要根据相关规定，及时做好法律文书、相关材料的交接，并在规定时限内，确认签收后送交送达回执。送达时间迟延，送达的法律文书、相关材料不齐备的，在接收程序正常进行的前提下，积极协调看守所送达，补齐所缺法律文书和相关材料。

在接收对象的过程中，对于法律文书和相关材料已经送达，而矫正对象未在规定时限内到司法所办理登记的，街道（乡镇）司法所应通过多种方式与其取得联系。经多方联系。仍然无法确定其音讯和下落的，应及时通报公安机关。此外，监狱应当在暂予监外执行罪犯、假释罪犯离开监所以及附加剥夺政治权利罪犯刑满释放前，核实其居住地，告知其按照规定的时间向居住地司法所报道，接受矫正，并令其做出书面保证。

矫正对象住所地司法所应当及时接收矫正对象，予以登记，建立档案，对其进行谈话教育，告知矫正对象的权利、义务和矫正监督管理的相关规定，并发放矫正须知。

二　矫正工作者职业准入制度之健全

职业准入是指根据《中华人民共和国劳动法》和《中华人民共和国职业教育法》的有关规定，对从事技术复杂、通用性广、涉及国家财产、人民生命安全和消费者利益的职业（工种）的劳动者，必须经过培训，并取得职业资格证书后，方可就业上岗。矫正工作者的工作能力和水平直接影响到服刑人员能否顺利实现再社会化，是降低再犯罪率的重要因素。

（一）对监狱民警实行专业化管理

监狱警察是对服刑人员执行刑罚，并将他们改造成为守法公民的重要的队伍。改造和教育服刑人员的工作对执法者的素质和能力要求比较高。因此，对监狱警察实行专业化管理，建立职业准入制度，是顺应形势发展，提高执法水平，提高教育服刑人员水平的必由之路。对监狱人民警察实行专业化管理的总体构想是：对监狱人民警察实行资格准入、专业分工、专业管理、专业职务培训和专业资格聘任的管理模式。

第一，逐步建立监狱人民警察的资格准入制度。

监狱人民警察是国家公务员，但又是按照法律规定，对服刑人员实施惩罚与矫正的人民警察。因此，招聘录用监狱人民警察既要符合《中华人民共和国公务员法》和《中华人民共和国人民警察法》所规定的条件，同时也应当体现监狱工作的特点，确定招聘录用监狱人民警察的特殊条件和专业要求，逐步建立监狱人民警察的资格准入制度，因此，应当根据监狱人民警察所从事的刑务管理、监管警卫、教育矫正、医疗卫生、生产劳动管理等不同职位的不同专业要求，明确招聘录用的条件和专业要求，这样就有可能从源头上为实现对监狱人民警察实行分类管理的构想、提高监狱人民警察的执法素质奠定坚实基础。

第二，建立工作人员的资格管理制度。

根据我国监狱的实际情况，可以将我国监狱人民警察划分为几个类型：一是行政管理人员。这是监狱内从事行政管理的专门人员，主要包括监狱长、监区长和其他中高级行政管理人员。二是专业技术人员。这是在监狱中从事专门技术工作的人员，主要包括承担服刑人员教育工作的专职教育人员、承担服刑人员思想和心理矫治的工作人员、承担服刑人员医疗工作的医护人员、组织服刑人员生产劳动的生产技术管理人员等。三是看守人员。这是在监狱内的负责监管服刑人员和安全保卫的工作人员。主要包括监狱内的看守和各监区、分监区的看守人员。应当确定各类工作人员的任职条件，在对监狱人民警察实行分类管理的基础上，逐步实行分类待遇、分类培训和分类晋升。

行政管理人员的主要任职资格应当包括下列方面：（1）具有大学以上文化程度；（2）性格品行优良，没有吸毒、酗酒、赌博等不良嗜好，身体健康；（3）具有5年以上监狱工作经验（担任监狱长职务的人员必须担任过一定年限的监区长或者有其他监狱管理工作的经验），熟悉监狱工作和相关的法律规定；（4）有较高的行政管理能力和人际交往能力。

专业技术人员的主要任职资格应当包括下列方面：（1）在全日制大学的相关专业毕业，获得学士以上学位，具有从事专业工作所需要的专门知识和技能；（2）性格品行优良，没有吸毒、酗酒、赌博等不良嗜好，身体健康；（3）具有一定年限的从事专业工作的实际经验，并获得主管部门或者行业协会颁发的从业资格证书；（4）熟悉监狱工作，了解与监狱工作有关的法律知识。

看守人员的主要任职资格应当包括下列方面：（1）具有中等以上文化水平；（2）性格品行优良，没有吸毒、酗酒、赌博等不良嗜好；（3）身体强壮、熟练掌握擒拿格斗技能；（4）接受过人员监督、管理方面的专门培训，了解罪犯活动的特点；（5）熟悉监狱工作，了解与监狱工作有关的法律知识。

（二）社区矫正工作者的职业准入制度

在我国矫正工作者队伍建设过程中，应当根据中国社会的具体情况，对不同类型的矫正工作者设定各自不同的任职资格，这是矫正工作者队伍建设的重要内容，也是服刑人员思想矫正效果的重要保证。[①]

第一，任职资格的差异性。

任职资格的差异性意味着在设立任职资格时，既要考虑不同类型矫

[①] 该部分内容借鉴吴宗宪《社区矫正比较研究》（上），中国人民大学出版社 2011 年版，第 319—320 页。

正工作者的类型差异，又要考虑不同地区的差异。首先，从类型差异来看，由于不同类型的矫正工作者担负着不同类型的工作，所以，给不同类型的矫正工作者设立任职资格，应当与他们从事的具体工作相适应，符合一定类型任职资格的矫正工作者，应当能够顺利地从事各自负责的具体工作。如果确立这样的任职资格，就可以把那些不合格的人员阻挡在矫正工作者队伍之外，防止不符合要求的人员进入矫正工作者队伍中，保证矫正工作者队伍具备应有的基本素质。其次，从地区差异看，要考虑到经济社会发展水平不同的地区和城乡不同地区。中国是一个幅员辽阔、经济社会发展水平相差很大的国家，如果规定全国统一的任职资格，显然不符合中国国情。因此，在保证矫正工作者具备最基本的任职条件的情况下，还应当考虑到东、中、西部的经济社会差异，给各地根据本地情况确定灵活的任职资格预留空间，在任职资格规定方面不能强求一致。同时，无论是在中国的东部地区，还是在中部地区和西部地区，都存在着城乡差别，应对城乡规定有所不同的任职资格。

第二，任职资格的可行性。

任职资格的可行性意味着在设立任职资格时，要统筹考虑从事工作的可行性和招募人员的可行性。首先，要考虑从事工作的可行性。这意味着，根据确定的任职资格招募来的矫正工作者，应当能够胜任不同类型的工作。如果一味迁就某些地区的欠发达情况，设置了过低的任职资格，以至于根据这样的任职资格招募来的矫正工作者不能胜任所承担的矫正工作，那么，这样的任职资格显然是不恰当的。为了使招募来的矫正工作者能够胜任矫正工作，就必须确立任职资格的合理性。这意味着，确定的任职资格必须密切契合不同类型的矫正工作的实际情况，其中既有对于任职者的学历方面的要求，也应该有性格特征、社会经验、专业技能等方面的要求。要预防片面重视学历教育而忽视其他方面的倾向。其次，要考虑当地的实际情况，这意味着，所确定的任职资格必须考虑当地的实际情况。如果设立的任职资格过高、过严，就有可能出现在很多地方招募不到符合条件的矫正工作者的现象。如果真要出现这样的现象，那就表明任职资格也是有问题的，是不符合某些地区的具体情况的。

第三，任职资格的发展性。

任职资格的发展性意味着在设立任职资格时，要考虑社会经济情况的未来发展，逐步提高矫正工作者任职资格的要求。中国社会正处在一个急剧变化与发展的过程中，这些发展的变化必然会极大地改变人们的素质，从而给矫正工作者素质的提高带来很大的可能性。因此，在确定任职资格时，要考虑到社会经济情况的发展变化，考虑到在未来有可能招募到素质更高的各类社区矫正工作者的发展前景。

第四，设立合理的职业发展等级。

职业发展等级，就是随着任职时间的增加和工作业绩的发展而调整职位和待遇的制度。在正常情况下，随着任职时间的增加和工作业绩的发展，职位应当逐步提升，待遇应当逐步提高。如果能够确立这样的职业发展等级，那么，对于鼓励矫正工作者钻研业务、安心工作、乐于奉献等，都会产生极大的促进作用。就专门的矫正官而言，可以确立包括助理矫正官、初级矫正官、矫正官、高级矫正官这样的职业发展等级和矫正官员职业发展体系。

对于社会工作者，目前，"社会工作者"已经成为国家认可的职业名称和工种，并且已经有助理社会工作师、社会工作师和高级社会工作师这样的职业发展等级。

对于矫正志愿者，也应当根据其行业规范，确立相应的职业发展等级体系。共青团中央 2006 年 11 月 7 日印发的《中国注册志愿者管理办法》第十三条规定，对注册志愿者实行星级认证制度，志愿者注册后，参加志愿者服务时间累计达到 30 小时的，认定为"一星志愿者"；志愿者注册后，参加志愿服务的时间累计达到 60 小时的，认定为"二星志愿者"；志愿者注册后，参加志愿者服务时间累计达到 100 小时的，认定为"三星志愿者"；志愿者注册后，参加志愿者服务时间累计达到 200 小时的，认定为"四星志愿者"；志愿者注册后，参加志愿者服务时间累计达到 300 小时的，认定为"五星志愿者"。注册机构对星级志愿者认定后，在其注册证及相关标识上进行标注。

更为重要的是，矫正管理部门要为不同职位等级的专职矫正工作者提供相应的物质和其他待遇，用优厚的待遇吸引、激励他们做好自己的本职工作，从而促进他们业务水平的发展；对于合同制矫正工作者，也应当根据其工作绩效给予相应的物质待遇；对于不同星级的志愿者，也应当参照《中国注册志愿者管理办法》中规定的激励办法予以奖励，鼓励他们积极开展矫正志愿工作。

三　人格调查制度和定期走访制度之建立

人格调查制度以刑罚个别化原则为理论基础。由于个体存在差异，犯罪的行为和动因也各有不同，缘于法院在量刑时考虑到个体犯罪动因的差异性，在做出判决时，应对服刑人员的人格进行调查。例如日本《少年法》规定：家庭法院调查少年事件时，"务须就少年、保护人或关系人之现状、经历、素质、环境等，运用医学、心理学、教育学、社会学及其他专门知识，努力为之"。1955 年 8 月在日内瓦召开的联合国第一届防止犯罪及罪犯处遇会议上，各国代表及专家均认为："实行个别处遇，应从人格之调查分类着手，必先根据精密的调查，由是进而决定个别处遇之方法，始便于分类收容。"在德国，为保证再犯预测的准确性，法院必须对于一切可导致服刑人员将来行为的情况，作一个整体性的观察与评价。这些情况包括服刑人员的性格、服刑人员的生平、行为的动机、行为后的态度、家庭情况，以及缓刑对他可期待的影响等。①

发达国家对服刑人员进行人格调查的内容基本包括犯罪者的文化程度、精神正常与否、身体状况、性格分析以及犯罪者与亲友和他人人际关系处理情况，这对分析犯罪的主观恶性进行定罪量刑具有重要的借鉴意义，同时，服刑人员人格调查制度，也对思想矫正工作的有效性有参考价值。实践中，我国可以充分发挥控辩双方调查取证、社会调查员调查取证、法院自行调查取证的职能，特别是对于缓刑、假释等社会危害性不大的服刑人员在社区中行刑，可委托社区矫正组织进行调查，增加社区矫正组织在法院缓刑适用工作中的作用，把对服刑人员的缓刑适用和教育矫正结合起来。

第一，建立社区矫正前的调查制度。

美国、英国等国家比较成熟的"判决（量刑）前调查制度"，对我国具有借鉴意义。在社区矫正前对被矫正对象进行调查，主要是确认其人身危险的大小，以判断其是否适宜社区矫正。社区矫正前调查主要包

---

① 林山田：《刑罚学》，商务印书馆 1983 年版，第 214—215 页。

括两部分：一是医学和心理学调查，医学调查主要是通过医学检查手段诊断被矫正人员的健康状况，心理学检查是对被矫正人员心理现状和行为倾向的判断，具体又分为危险性预测和心理发展预测。① 二是人格调查，人格调查是矫正前调查制度的核心内容。人格调查是指为了在刑事程序中对每个犯罪人都能选择恰当的处遇方法，使法院能在判决前的审理中，对被告人的素质和环境做出科学的分析而制定的制度。② 人格调查的内容一般应当是能够证明服刑人员的人身危险性的有关事项，具体包括：第一，犯罪与违法行为的调查，包括已实施的犯罪性质、犯罪的罪过形式、犯罪的动机和目的、犯罪记录等；第二，家庭结构调查，涉及服刑人员家庭与生育史、家庭内聚力、职业情况、收入情况、文化程度等诸多因素；第三，调查确认，调查人员通过访问服刑人员的家庭、近邻、学校、单位以及会见其家属、邻居、雇主、同事等人员，确认调查的真实性。在进行调查的基础上，由调查机构向法院提交决定前调查报告。实践中，江苏省海安县人民法院与司法局经过协商，在全省率先出台了《关于适用非监禁刑罚社会调查的实施办法》，对可能被判处管制、有期徒刑或拘役并宣告缓刑、被判处缓刑或拘役暂予监外执行的被告人，将在宣判作出前，由法院委托社区矫正机构进行社会调查。③ 矫正教育者通过服刑人员社区矫正前的调查情况，有针对性地进行个性化方案的制订，从而更好地把握服刑人员的思想动态，及时有效地予以矫正。

第二，实施定期走访制度。

定期走访制度是社区矫正工作者为了摸清矫正对象的思想动态、生活状况、现实表现等，深入矫正对象的家庭，劳动、学习现场及矫正对象中，向知情人进行调查、询问的一种制度。定期走访的主要目的是全面了解和掌握矫正对象在社区矫正中的表现状况。走访的对象，包括矫正对象的家庭成员、知情人及其他矫正对象等。

---

① 连春亮：《论社区矫正前的调查制度》，《四川警官高等专科学校学报》2005 年第4 期。

② ［日］菊田幸一：《犯罪学》，海沫等译，群众出版社 1989 年版，第 178 页。

③ 郭玉祥、许晓莉：《被告人获非监禁刑先过"评估关"》，http：//www. chinacaurt. org/article/detail/2006/06/id/209791. shtml。

通过定期走访，掌握矫正对象的矫正情况，能为制订矫正方案提供依据。同时，对一些有困难的矫正对象，可以通过各种方式和渠道，为他们提供帮助，解决困难。针对矫正对象存在的思想问题，进行有针对性的教育转化工作，促使他们强化矫正意识，及时转变消极的思想，争取早日回归社会。

定期走访是社区矫正中矫正对象感化教育和转化的重要方式，也是矫正工作的重要手段。走访扬州某监狱时，一位司法所的工作人员谈到省里出台《江苏省社区矫正对象管理工作规定》对定期走访制度做了规定，主要包括三个方面：第一，社区矫正机构每月应当走访矫正对象家庭、单位或居（村）委会，了解掌握矫正对象的动态。第二，元旦、春节、五一、国庆等重点时段，社区矫正机构应当走访矫正对象家庭，掌握矫正对象动态。第三，矫正对象受惩处、有重大思想问题或者出现其他特殊情况，社区矫正机构应当走访。必要时可以用电话或其他形式询问了解情况。

四　考核制度之加强

服刑人员考核与服刑人员利益密切相关，是对服刑人员准确执行刑罚的前提，对于掌握服刑人员的矫正情况、了解矫正效果、准确奖励服刑人员都有着重要意义。我国对服刑人员的考核普遍实行的是量化计分考核制度，计分考核是根据服刑人员表现进行综合考察与评定的量化考核，是管理服刑人员的重要手段；服刑人员所积的考核分，是兑现行政奖罚及提请减刑、假释的主要依据。服刑人员计分考核奖罚，遵循依法、公开、公平、公正的原则，矫正工作者直接掌握，集体研究，严格审核。

（一）完善计分考核制度实现的机制

计分考核包含了对服刑人员的奖惩，是对服刑人员实施法律奖惩、行政奖惩的基本依据。从这种意义上讲，计分考核制度实质上是矫正激励管理制度。服刑人员的矫正激励制度的实现机制有：实惠机制、荣誉机制、评价机制、竞争机制。实惠机制是指服刑人员矫正中能够获得实惠，如改善生活待遇、放宽自由限制的程度，获取劳动报酬或奖金、获得减刑或假释的机会等；荣誉机制是指服刑人员矫正中所获得的各种荣誉称号，如"每周矫正之星"、"矫正积极分子"、"单项矫正活动优胜者"等；评价机制是指对服刑人员矫正行为所给予的评定，包括肯定和否定两个方面，肯定评价是正强化激励，否定评价是负强化激励；竞争机制是指在服刑人员矫正中获取奖励的机会需要通过正当竞争的途径，要积极倡导和开辟正当竞争渠道，让每个服刑人员都有获得公平奖励的机会。

（二）统一服刑人员的奖惩考核

司法部出台的《监狱服刑人员行为规范》，较为细致地对服刑人员应该做什么、不该做什么作出了规定。但在实际操作中，对服刑人员行刑期间的考核计分方式，不同地区有不同的做法，这样容易导致执法随意，形成司法不公。应该认识到，服刑人员基于不同的动因导致了犯罪，但矫正工作者对服刑人员矫正的目的都是希望其顺利回归社会，做有益于他人的人，在这一总体目标上是一致的。为了统一操作规范，制定全国范围内统一适用的考核计分办法，一方面可以使矫正机构更为方便地进行操作和管理，另外一方面，可以确保服刑人员的权利得以更加平等的实现。

监狱应当根据监管的需要，建立和完善服刑人员的日常行为考核制度，将考核的结果作为对服刑人员进行奖励和处罚的依据。服刑人员改造良好，有下列情形之一的，可以给予表扬、物质奖励或者记功。

遵守监规纪律，努力学习，积极劳动，有认罪服法表现的；阻止违法犯罪活动的；超额完成生产任务的；节约原材料或者爱护公物，有成绩的；进行技术革新或者传授生产技术，有一定成效的；在防止或者消除灾害事故中做出一定贡献的；对国家和社会有其他贡献的。

被判处有期徒刑的服刑人员有上述七种情形之一的，且执行原判刑期1/2以上，表现良好，遵守监规和劳动改造纪律，短时间离开监狱不会给社会带来危害的，经过批准，可以准许其离监探亲。

对监外行刑的服刑人员，矫正工作者可以对矫正对象有一个奖惩考核，定期开展"矫正积极分子"评选活动。矫正工作者可以在每季度邀请公安民警、志愿者召开评议会，分析和总结矫正对象在一定时期内的思想情况。对表现好、转变大、对社会有突出贡献、能够在矫正中起到带头作用的矫正对象进行表扬等奖励。日常奖励的内容通常以表扬、记功、评选"矫正积极分子"，若日常表现突出的服刑人员，可以提请监狱对其进行减刑；当然，同时也要批评和惩罚表现不好的矫正对象，如警告、记过、提请治安管理处罚，情节严重的应及时报请司法机关予以收监，构成犯罪的，还要提交公安机关进行刑事司法审查。此种奖惩考核可以达到日常奖惩与司法奖惩的有机结合，通过对服刑人员的奖惩，可以确定和调整矫正级别，以便对服刑人员进行合理风险评估。

（三）计分考核的内容应多样化、全面化

对服刑人员的改造应坚持劳动与教育相结合，而在监狱财政紧缺的情况下，为了追求经济效益，往往侧重对服刑人员进行劳动改造，并以服刑人员的劳动多少和劳动效果进行奖惩考核。服刑人员也在刻意追求劳动效率的过程机械化，这弱化了对思想和心理层面的矫正，不能真正意识到犯罪行为发生的根源和动机。应避免单一化的考核行为，防止有些劳动能力强但思想表现差的服刑人员因劳动改造占较大比重而获得减刑的奖励，产生不合理的奖惩效应。《监狱服刑人员行为规范》中提到了服刑人员的奖惩应从基本规范、劳动规范、文明礼貌规范、学习规范、生活规范五个方面进行考核，因而，在《监狱服刑人员行为规范》的基础上，应特别重视服刑人员思想方面的转变，思想决定行动，思想观念的变化会影响服刑人员今后的行为。

在注重考核内容多样化的同时，还应进行分类管理，对劳动能力较弱的老年、残疾服刑人员应与一般服刑人员分开进行管理和考核，鼓励他们从事与自身承受能力相当的劳动。

（四）计分考核方法要注重定性与定量相统一

计分考核的效果会涉及服刑人员是否得到减刑的实际利益，如果考核标准太过主观，势必会影响到司法公正性。因此，要结合《监狱服刑人员行为规范》制定相关细则，体现考核比例的全面性，把劳动与生活、思想层面的考核结合起来。将考核方式加以量化，根据工作种类、技术含量、操作难易程度，完成相关教学过程的学习量，是否遵守《监狱服刑人员行为规范》和细则的规定，将这些活动量化成不同的分数。对老年、残疾的服刑人员，要根据特殊性分配适当的劳动，并对生活规范性、改造积极性等方面进行细化考核。

（五）计分考核应坚持"客观打分"与"人情打分"的统一

目前服刑人员的计分考核，主要是通过矫正教育者的打分实现，考核形式的单一化容易使一些服刑人员鉴于熟悉矫正管理模式，投机取巧，制造假象来通过考核，使得计分考核方式失去本身的意义。在矫正工作者客观打分考核的前提下，还应建立服刑人员自我测评和服刑人员互评的多层次考核体系。在平时的服刑过程中，服刑人员是否按照《监狱服刑人员行为规范》及细则的规定约束和完善自己，同犯是最为清楚的，因此，服刑人员之间的考核应在矫正工作者的组织下开展起来，保证计分考核更为公平地开展。

（六）健全执法监督机制，落实狱务公开制度

对服刑人员进行考核是一项严肃的执法行为，这不仅涉及服刑人员的切身利益，也涉及民警的公正文明执法和廉洁执法。建立健全一个廉洁高效、责任明晰的执法监督机制，是防止出现考核奖惩不公和腐败问题的重要保证。

大力推行狱务公开，构建外部监督保障机制。对于服刑人员考核奖惩的每个环节，要坚持条件、程序、过程和结果的"四公开"，使监狱对服刑人员考核奖惩的全过程置于有效的社会和群众监督之中。同时，要积极探索人民检察院对执法活动实施监督的新举措，建立连带责任制，进一步提高检察机关对监狱执法监督的主动性和自觉性。

完善内部自律机制和制约机制，落实逐级审核把关的职权分离，确立考核民警责任制，监区主管考核民警对业务科室负责，业务科室对监狱减刑、假释审定委员会负责。畅通服刑人员申诉渠道，允许罪犯和犯属以合理的方式申诉。定期邀请监狱纪委、驻监监察室参与到服刑人员的奖励评定、工种调配、档次划定等执法程序中来。在重大奖惩问题上，建立申请复议制度、提前公示制度，切实加强监狱内部执法监督检查和跟踪考评。

在实践中，湖北省武汉市武昌区司法所在矫正工作中充分重视对服刑人员的奖惩考核，一位司法所的专职干部谈道："对狱外服刑人员在每一个季度都有一个考核，每年也有一个评选积极分子的过程。通过开评议会的形式，派出所、社区民警，还有我们的社工、司法所、志愿者一季度对服刑人员的表现做一个评议，对我们的矫正对象一季度的表现做一个分析，对于服刑人员思想态度上有较大转变的，以及在某方面做出特殊贡献或起到带头作用的，如在见义勇为中的突出表现，我们都会

给予奖励。以评议记录作为考核和奖惩的依据。"奖惩考核制度的确立和运行，调动了服刑人员改造的积极性，起到了促进服刑人员改过自新的作用。

五　奖惩机制中的听证制度之新建

在《圣经》里，上帝审判亚当和夏娃。有人把它作为人类历史上最早的一次审判，最早的一次听证会。作为全能的神，上帝在处罚一个人的时候，也要听取其申辩。听证的核心价值在于：公民有权通过个人权利（私权）的运用来对抗公权力的霸道和对公民权利的侵犯。当事人通过听证程序，参与了影响自己权利义务的决定的做出过程，是公平和民主的体现，同时也可以更好地监督司法行政机关，避免腐败现象的出现。

建立服刑人员思想矫正奖惩机制的听证制度，是指监狱和社区对服刑人员在矫正的过程中的思想政治表现和行为表现，与相关部门及利害关系人一起进行交流，对有关事项进行综合评审的规定。若服刑人员矫正态度积极，做出见义勇为等先进事迹，矫正机构会向监狱做出减刑的申请；或者服刑人员不予配合矫正工作，甚至参与封建迷信的反动组织，传播腐朽思想，那么矫正机构会向法院或者监狱提出将服刑人员收回监狱行刑的申请。矫正工作者对服刑人员做出的奖惩决定，会对服刑人员刑罚的执行产生直接或间接的影响，矫正工作者做出奖惩决定也会直接影响到受害者的心理承受力以及社会公众对政府的信任。因此，服刑人员思想矫正奖惩机制的听证制度也是群众对政府及社会组织予以监督的方式之一，符合公正民主、信息公开的时代潮流。

听证程序具有如下特征：第一，听证程序是由司法行政机关主持，并由利害关系人参加的程序。这种听证程序与审判程序具有形式上的相似性，但听证程序的主持人毕竟是监狱行政人员或社区矫正工作人员，在公正性方面，难以与作为审判机关的人民法院相提并论。第二，听证公开进行。听证程序不仅有司法行政机关和有关利害关系人参加，而且社会各界人士也可以旁听。质证与辩论程序的公开，有利于更好地规范矫正机构听证权利的行使，防止和控制权力的滥用。第三，思想矫正听证程序适用于对服刑人员奖惩方面，具有一定的范围局限性。当然，从发展的眼光看，这种范围的不断扩大应当是历史的必然。第四，听证程序的适用以当事人或相关利害关系人的申请，有关机关主动提起为前提。

思想矫正奖惩机制听证的基本流程是：当矫正工作者对服刑人员做出的奖惩决定，会影响到服刑人员的实际刑罚执行期时，经利害关系人申请，或司法机关及矫正机关主动提起，在司法机关及矫正机关的组织下，通知当事人、利害关系人和其他社会层面的代表，就申请人提出的听证事宜进行公开听证（涉及个人隐私、国家秘密的除外），依照法定程序和辩论结果对听证事项进行综合评审。

听证制度的建立，让尽量多的利害关系人在一个公开、透明的环境下充分交流、表达意见，从不同角度、用不同方式判断服刑人员是否思想有所觉悟，对社会危害的可能性是否有所降低，进而调动服刑人员改造的积极性。

结语：高墙内外人性的流露

——惩罚犯罪是监狱的固有职能，矫正罪犯才是监狱的根本职能

服刑人员的惩罚和改造源远流长，伴随着人类文明的发展不断向前发展。只要监狱存在，对服刑人员进行思想矫正和劳动改造始终就是人类社会要面临和解决的问题。采取惩罚的方法，虽然能对服刑人员起到震慑作用，对其他社会成员起到警示教育作用，但不能从思想深处解决犯罪的根本问题。为了杜绝服刑人员刑满释放后再走向犯罪道路，必须让服刑人员从思想深处认识到犯罪的社会危害性。法律给予人类的是强制，道德给予人类的是自觉和克制。采取思想矫正的方法改造服刑人员，从心灵深处和道德层面解决犯罪问题，将服刑人员改造成为守法的公民是监狱的根本职能，也是最终目的。

对囚犯进行惩罚的同时，还注重从思想道德层面进行教育是我国几千年的优良传统。新中国成立后，思想教育或思想矫正在服刑人员改造中发挥了重要作用，取得了举世瞩目的成就。改革开放以来，服刑人员思想矫正被列为监狱管理工作的重要原则和内容、主要的改造方法之一，并引起了理论上的关注和实践中的探索。西方资本主义国家自文艺复兴以来，在民主、自由、平等、人权的思想影响下，监狱的惩罚功能和以前相比有不断弱化的趋势，同时逐渐加强了服刑人员的思想矫正和再社会化。借鉴西方国家服刑人员思想矫正经验，去其糟粕，对于提高我国服刑人员的改造效果、降低再犯罪率具有重要的意义。

人是社会中的人，每一个社会成员、每一个社会群体都会受到他人的影响，服刑人员的思想矫正也不例外。我国监狱治理理念的建立、治

理方针政策的落实、治理制度的建设，以及监狱思想矫正工作人员的观念、素质、能力水平是影响服刑人员最重要的因素。服刑场所的环境、教育内容、服刑人员本身的素质和水平也能影响到服刑人员的改造效果。对服刑人员进行思想矫正要坚持人道主义的原则，体现以人为本的要求，把服刑人员当人看是做好矫正工作的前提，因此，转变矫正工作者的理念是开展矫正工作的前提。道德教育、文化教育、劳动技能教育、心理健康教育等手段是思想矫正的重要方法。根据矫正对象因人施教、多管齐下，充分利用社会资源对服刑人员开展思想矫正活动，才能取得良好的矫正效果。

如果我们历史地、现实地、客观地来看待我国服刑人员的思想矫正工作，就会发现，这项工作逐渐形成了中国特色，日益符合我国的国情，不过，服刑人员思想矫正虽然取得了不小的成绩，但和社会的要求还有一定的差距，还有较长的路要走。如果继续逐渐完善相应的法律、政策和制度架构，在继承中不断创新，服刑人员的教育工作将会迈上更大的台阶。

本书尝试从法律和思想教育相结合的角度，根据服刑人员的特点，结合我国的国情，在借鉴国内外研究成果的基础上，提出了构建我国服刑人员思想矫正之路的相应对策。本书虽然努力按照研究框架进行构思和写作，但由于时间有限和理论驾驭能力不足，加之手头资料缺乏，可直接参考的不多，书中观点的展开论证和研究方法还存在一些不足，希望以后有时间继续完善。本书有两个方面需要进一步改进：第一，跨学科交叉和融合研究存在一定的不足，因知识面的宽度不够，不能从宏观上进行整体性把握；因学科知识不系统，导致微观上的研究力度也不足。本书研究范围涉及法学、监狱学、监狱法学、伦理学、思想政治教育等学科，这些学科有自己的研究范围和特有的知识体系，由于自己的能力有限，驾驭这些学科，将它们进行融合的力度还不够。第二，本书调研资料还不是很丰富。服刑人员思想矫正研究和现实联系很紧密，需要进行实证研究，由于时间和精力有限，加上我国监狱的封闭性管理，导致本书在收集资料、进行调研方面存在不足，根据数据资料进行论证的说服力还需进一步加强。

诚然，本书的结束并不代表这一研究的终结。后续的研究还可以从以下三个方面进行努力。

（1）服刑人员思想矫正过程的研究。服刑人员思想如何转化，内在的机理是什么，怎样才能更好转变服刑人员的思想观念，并形成稳定的思想观念和价值体系是进一步研究的难点。

（2）服刑人员矫正制度研究。制度是确保矫正工作顺利开展的重要保障。虽然我国出台了一些规定，但数量较少，且一些内容不符合当前时代的要求，如何根据时代的变化，根据国际社会最新的研究成果，构建中国服刑人员矫正制度，需要大量的研究和思考。

（3）服刑人员矫正效果跟踪与评估。服刑人员矫正效果如何，需要进行长时间的跟踪、检验、评估。评估设计原则、指导思想、具体方案、可操作性的量表设计等内容的研究，需要投入很大的精力和很长的时间，这是一个长期的过程，也是一个比较大的课题。

总之，服刑人员思想矫正研究不是一个课题、一本著作就能解决的问题，它需要持续的关注、持久的探讨和不断的实践活动加以推动和深化。期望有更多更好的研究成果推动我国服刑人员矫正工作，为我国和谐社会建设做出应有的贡献。

最后，以歌德的一句诗作为结语吧："让我们更加理性地看待犯罪，更加人性地对待罪犯。"

参 考 文 献

（一）著作类

1. 《马克思恩格斯选集》第1—4卷，人民出版社1995年版。

2. 《马克思恩格斯全集》第12卷，人民出版社1962年版。

3. 《马克思恩格斯全集》第21卷，人民出版社1965年版。

4. 《马克思恩格斯全集》第23卷，人民出版社1972年版。

5. 《马克思恩格斯全集》第40卷，人民出版社1982年版。

6. 《马克思恩格斯全集》第42、47卷，人民出版社1979年版。

7. 《马克思恩格斯全集》第48卷，人民出版社1985年版。

8. 《毛泽东选集》第1—4卷，人民出版社1991年版。

9. 《中共中央关于构建社会主义和谐社会若干重大问题的决定》，人民出版社2006年版。

10. 《中共中央关于加强和改进新形势下党的建设若干重大问题的决定》，人民出版社2009年版。

11. 《中国共产党第十八次全国代表大会文件汇编》，人民出版社2012年版。

12. ［美］埃德温·萨瑟兰：《犯罪学原理》，吴宗宪等译，中国人民公安大学出版社2009年版。

13. ［美］克莱门斯·巴特勒斯：《罪犯矫正概述》，群众出版社1987年版。

14. ［法］米歇尔·福柯：《规训与惩罚》，刘北成、杨远婴译，生活·读书·新知三联书店2003年版。

15. ［美］马丁·R.哈斯克尔、路易斯·雅布隆斯基：《青少年犯罪》，李建军等译，群众出版社 1987 年版。

16. ［美］大卫·E.杜菲：《美国矫正政策与实践》，吴宗宪等译，中国人民公安大学出版社 1992 年版。

17. ［美］汉斯·托琦主编：《司法和犯罪心理学》，周嘉桂译，群众出版社 1986 年版。

18. ［美］史蒂文·拉布：《美国犯罪预防的理论实践与评价》，张国昭等译，中国人民公安大学出版社 1993 年版。

19. ［意］切萨雷·贝卡利亚：《论犯罪与刑罚》，黄风译，中国法制出版社 2005 年版。

20. ［美］克莱门斯·巴特勒斯：《矫正导论》，周嘉桂译，中国人民公安大学出版社 1991 年版。

21. ［英］罗伯特·J.威克斯、H.H.A.库珀编：《各国矫正制度》，周嘉桂译，中国政法大学出版社 1988 年版。

22. ［德］京特·凯泽：《欧·美·日本监狱制度比较》，周嘉桂译，中国政法大学出版社 1989 年版。

23. ［加］鲁辛·摩林主编：《论监狱教育》，李引等译，黑龙江教育出版社 1990 年版。

24. ［英］皮特·雷诺、莫里斯·范斯顿：《解读社区刑罚——缓刑、政策和社会变化》，刘强、王贵芳译，中国人民公安大学出版社 2009 年版。

25. ［法］阿尔弗雷德·格罗塞：《身份认同的困境》，王鲲译，社会科学文献出版社 2010 年版。

26. ［英］巴特·范·斯廷博根编：《公民身份的条件》，郭台辉译，吉林出版集团有限责任公司 2007 年版。

27. ［美］基思·福克斯：《公民身份》，郭忠华译，吉林出版集团有限责任公司 2009 年版。

28. ［美］理查德·C.博克斯：《公民治理》，孙柏瑛等译，中国人民大学出版社 2005 年版。

29. ［美］查尔斯·霍顿·库利：《人类本性与社会秩序》，包凡一、王源译，华夏出版社 1999 年版。

30. ［美］麦金泰尔:《追寻美德》,宋继杰译,译林出版社 2003 年版。

31. ［英］休谟:《人性论》,关文运译,商务印书馆 1980 年版。

32. 张耀灿:《思想政治教育学前沿》,人民出版社 2006 年版。

33. 龙静云:《治化之本——市场经济条件下的中国道德建设》,湖南人民出版社 1998 年版。

34. 秦在东:《思想政治教育管理论》,湖北人民出版社 2003 年版。

35. 韦冬雪:《思想政治教育过程矛盾和规律研究》,光明日报出版社 2011 年版。

36. 王娟:《思想政治教育沟通研究》,中国社会科学出版社 2011 年版。

37. 曹清燕:《思想政治教育目的研究》,中国社会科学出版社 2011 年版。

38. 沈壮海:《思想政治教育的文化视野》,人民出版社 2005 年版。

39. 陈华洲:《思想政治教育方法论》,华中师范大学出版社 2010 年版。

40. 郑永廷主编:《思想政治教育方法论》,高等教育出版社 2010 年版。

41. 李合亮:《思想政治教育探本》,人民出版社 2007 年版。

42. 欧阳林:《思想政治教育传播学》,北京交通大学出版社 2005 年版。

43. 项久雨:《思想政治教育价值论》,中国社会科学出版社 2003 年版。

44. 沈国权主编:《思想政治教育环境论》,复旦大学出版社 2002 年版。

45. 陈大柔、丛杭青:《思想政治教育心理学》,中国大百科全书出版社 1995 年版。

46. 陈万柏:《思想政治教育载体论》,湖北人民出版社 2003 年版。

47. 曹清燕:《思想政治教育目的研究——基于马克思主义人学视角》,中国社会科学出版社 2011 年版。

48. 梅萍:《以德治国论》,湖北人民出版社 2003 年版。

49. 万美容等:《当代公民道德教育》,中央文献出版社 2000 年版。

50. 李斌雄参编:《比较德育学》,武汉大学出版社 2000 年版。

51. 陈志尚主编:《人学原理》,北京出版社 2005 年版。

52. 朱典淼:《人学四论》,安徽人民出版社 2009 年版。

53. 张远煌:《犯罪学原理》,法律出版社 2001 年版。

54. 柯卫:《当代中国法治的主体基础》,法律出版社 2007 年版。

55. 薛梅卿主编:《中国监狱史》,群众出版社 1986 年版。

56. 张凤仙、刘世恩、高艳编著：《中国监狱史》，群众出版社 2004 年版。

57. 王平：《中国监狱改革及其现代化》，中国方正出版社 1999 年版。

58. 艾永明、朱永新：《刑罚与教化——中国犯罪心理思想史论》，对外贸易教育出版社 1993 年版。

59. 杨殿升主编：《中国特色监狱制度研究》，法律出版社 1999 年版。

60. 段晓英：《罪犯改造心理学》，广西师范大学出版社 2010 年版。

61. 贾洛川主编：《罪犯劳动改造学》，中国法制出版社 2010 年版。

62. 中华人民共和国司法部编：《外国监狱法规汇编》，社会科学文献出版社 1988 年版。

63. 康树华、王岱、冯树梁主编：《犯罪学大辞书》，甘肃人民出版社 1995 年版。

64. 曲新久：《刑法的精神与范畴》，中国政法大学出版社 2003 年版。

65. 刘强：《美国社区矫正的理论与实务》，中国人民公安大学出版社 2003 年版。

66. 刘强主编：《各国（地区）社区矫正法规选编及评价》，中国人民公安大学出版社 2004 年版。

67. 鲁兰编著：《中日矫正理念与实务比较研究》，北京大学出版社 2005 年版。

68. 张昱、费梅苹：《社区矫正实务过程分析》，华东理工大学出版社 2005 年版。

69. 何显兵：《社区刑罚研究》，群众出版社 2005 年版。

70. 张传伟：《我国社区矫正制度的趋向》，中国检察出版社 2006 年版。

71. 赵新东主编：《社区矫正管理实务》，法律出版社 2006 年版。

72. 周国强：《社区矫正制度研究》，中国检察出版社 2006 年版。

73. 荣容、肖君拥主编：《社区矫正的理论与制度》，中国民主法制出版社 2007 年版。

74. 但未丽：《社区矫正：立论基础与制度构建》，中国人民公安大学出版社 2008 年版。

75. 王钰、王平、杨诚等主编：《中加社区矫正概览》，法律出版社 2008 年版。

76. 刘强编著：《美国社区矫正演变史研究》，法律出版社 2009 年版。

77. 郭建安、郑霞泽主编：《社区矫正通论》，法律出版社 2004 年版。

78. 廖斌、何显兵：《社区建设与犯罪防控》，人民法院出版社 2003 年版。

79. 王顺安：《社区矫正研究》，山东人民出版社 2008 年版。

80. 本书编写组编：《社区思想政治工作经验》，中共中央党校出版社 2000 年版。

81. 陈乃林、张志坤主编：《社区教育管理的理论与实务》，高等教育出版社 2009 年版。

82. 文军主编：《社区青少年社会工作的国际比较研究》，华东理工大学出版社 2006 年版。

83. 单菁菁：《社区情感与社区建设》，社会科学文献出版社 2005 年版。

84. 何传启：《公民意识现代化》，中国经济出版社 2000 年版。

85. 严洁等：《公民文化与和谐社会调查数据报告》，社会科学文献出版社 2010 年版。

86. 廖申白：《交往生活的公共性转变》，北京师范大学出版社 2007 年版。

87. 黄平、王晓毅主编：《公共性的重建——社区建设的实践与思考》，社会科学文献出版社 2011 年版。

（二）期刊论文类

1. 《聚焦十八大报告六个"司法"关键词》，《人民法院报》2012 年 11 月 13 日。

2. 《十八大报告关于法治建设的十大亮点》，《光明日报》2012 年 12 月 3 日。

3. 李斌雄：《社会主义荣辱观是时代进步的标志》，《光明日报》2007 年 10 月 24 日。

4. 上海市监狱管理局《罪犯服刑指导手册》课题组：《关于新收罪犯改造需求的调查》，《监狱工作简报（调研专刊十九）》2005 年 8 月 30 日。

5. 司法部赴德国社区矫正培训团：《德国社区矫正概览》，《中国司法》

2005 年第 11 期。

6. 陈和华、叶利芳：《国外社区矫正的经验和问题》，《犯罪研究》2006年第 1 期。

7. 李明：《国外主要社区矫正模式考察及其借鉴》，《广州大学学报》（社会科学版）2007 年第 9 期。

8. ［荷兰］约翰·布拉德：《荷兰：社区矫正与恢复性司法结合之路》，颜九红译，《北京政法职业学院学报》2008 年第 1 期。

9. 刘武俊：《加拿大社区矫正制度巡礼》，《中国司法》2008 年第 9 期。

10. 李冰：《澳大利亚的社区矫正制度》，《中国司法》2005 年第 7 期。

11. 王志亮、王俊莉：《美国的社区矫正制度》，《法学》2004 年第 11 期。

12. 刘乐：《美国对犯罪青少年的社区矫正项目》，《北京大学学报》2003 年第 5 期。

13. 张鹏：《美国社区矫正模式之发展方向：从危险特质到多元整合》，《政法论丛》2008 年第 4 期。

14. 蔡国芹：《美国行刑社会化体制的中间制裁制度》，《时代法学》2007 年第 6 期。

15. 刘晓梅：《意大利刑罚执行制度中的社区矫正及其对我国刑罚制度改革的启示》，《犯罪研究》2005 年第 4 期。

16. 刘晓梅：《英国的社区矫正制度及其对我国刑罚制度改革的启示》，《犯罪研究》2006 年第 3 期。

17. 司法部基层工作指导司：《英国社区矫正制度》，《中国司法》2004年第 11 期。

18. 陈梦琪：《英国社区矫正制度评析》，《青少年犯罪问题》2003 年第 6 期。

19. 翁里：《中美"社区矫正"理论与实务比较研究》，《浙江大学学报》（人文社会科学版）2007 年第 6 期。

20. 孙健：《西方社会工作伦理在中国本土化的探讨》，《广西师范大学学报》（哲学社会科学版）2009 年第 3 期。

21. 冯殿美、李伟：《社区矫正环境比较分析》，《中国石油大学学报》（社会科学版）2006 第 4 期。

22. 张东平：《罪犯感化教育的学理基础》，《山西警官高等专科学校学报》2010 年第 3 期。

23. 江娅：《社会工作中的伦理困境和价值冲突》，《中国青年政治学院学报》2007 年第 1 期。

24. 任扬：《青少年犯罪后实施行刑社会化的新模式——香港社区支援服务计划》，《吉林公安高等专科学校学报》2006 年第 5 期。

25. 蔡亚敏、焦洁庆：《基于社会支持理论的服刑人员未成年子女教育与保护研究》，《常州大学学报》2013 年第 2 期。

26. 王林松：《简论青少年犯罪人格》，《山东教育学院学报》2001 年第 4 期。

27. 马志强：《论中途之家的本土形态》，《山西财经大学学报》2012 年第 11 期。

28. 赤艳、张晓明：《国外罪犯矫正教育考察》，《人民论坛》2009 年第 21 期。

29. 马建文：《中西对罪犯思想教育之比较》，《兰州学刊》2004 年第 3 期。

30. 盛桂英：《中国监狱工作人员分类问题探讨》，《犯罪与改造研究》2003 年第 6 期。

31. 马海鹰、张小远：《罪犯人格特征的研究进展》，《中国健康心理学杂志》2005 年第 3 期。

32. 王素芬：《唐朝待遇囚人之法论要》，《浙江社会科学》2007 年第 6 期。

33. 郭明：《从劳改学到监狱学》，《犯罪与改造研究》2006 年第 5 期。

34. 陈鹏忠、石志锋：《顽危犯的转化策略》，《中国监狱学刊》2005 年第 4 期。

35. 王延龄：《关于提高罪犯改造质量问题的思考》，《中国监狱学刊》2005 年第 5 期。

36. 吴新民：《监狱法治的新视角：对规训的规训——福柯的启示》，《犯罪与改造研究》2006 年第 5 期。

37. 王顺安：《论毛泽东改造罪犯的思想》，《中国人民大学学报》1999 年第 1 期。

38. 吉红：《囚犯劳动改造的功利主义思想基础》，《平原大学学报》2001 年第 4 期。

39. 王云海：《"法治式劳动改造"论》，《中国刑事法杂志》2002 年第 5 期。

40. 王斌：《对新时期监狱教育的思考》，《辽宁警专学报》2004 年第 4 期。

41. 石先钰：《论诉讼公正及其实现》，《江汉论坛》2004 年第 2 期。

42. 张国敏：《论改造罪犯的犯罪观》，《中国监狱学刊》2003 年第 6 期。

43. 杜菊：《社会化视野中的罪犯处遇制度构建》，《中国监狱学刊》2003 年第 5 期。

44. 周彦珍等：《监狱职业技术教育社会化》，《中国监狱学刊》2005 年第 4 期。

45. 陈宝友：《论监狱亚文化对当前监狱执行刑罚的影响及对策》，硕士学位论文，中国人民大学，2003 年。

46. 陈士涵：《从专制走向法治——论中国监狱的历史变迁》，《中国监狱学刊》2004 年第 6 期。

47. 葛炳瑶：《试论新阶段劳动改造罪犯》，《犯罪与改造研究》2003 年第 3 期。

48. 郭建安：《刑罚的历史趋势呼唤行刑体制改革》，《犯罪与改造研究》2000 年第 10 期。

49. 魏荣艳：《浅谈在罪犯改造中奖惩工作的心理误区》，《青年与社会》2012 年第 2 期。

50. 连春亮：《罪犯改造：由同质主义到理性多元化》，《河南大学学报》2010 年第 3 期。

51. 姜晓贞：《毛泽东的罪犯改造思想的主要内容及现实意义》，《前沿》2010 年第 16 期。

52. 冯宇：《论思想教育在罪犯改造中的作用》，《党史博采》2007 年第 2 期。

53. 李明：《历史、现状与未来——罪犯思想改造制度的反思》，《广州大学学报》（社会科学版）2009 年第 1 期。

54. 周涛：《谈当前服刑人员思想教育工作中存在的问题及对策》，《辽宁警专学报》2007 年第 3 期。

55. 高寒：《发达省份监狱经费保障体制研究》，《犯罪与改造研究》2005 年第 5 期。

56. 沈国新：《论市场经济条件下押犯的思想变化与教育改造对策》，《河海大学学报》2000 年第 1 期。

57. 曾介夫：《从战略高度思考监狱系统人才资源》，《中国监狱》2004 年第 1 期。

58. 袁洪：《监狱警察专业化建设定位及实现途径》，《中国监狱》2003 年第 5 期。

59. 付士昌、张荣生、卢军、刘伟成：《执政能力建设视角下的监狱思想政治工作思考》，《思想政治工作研究》2004 年第 8 期。

60. 康树华：《行刑社会化的历史、现状与重大理论价值》，《法学杂志》2003 年第 9 期。

61. 刘淑娟：《社会工作伦理价值在行刑社会化中的彰显》，《学术交流》2009 年第 4 期。

62. 皮湘林：《社会工作伦理的理论视域》，《伦理学研究》2009 年第 2 期。

63. 刘元璋、孙承松：《社区矫正的二元价值思考》，《贵州社会科学》2008 年第 12 期。

64. 江苏省南京监狱课题组：《服刑人员矫治观念的继承与创新》，《中国司法》2004 年第 3 期。

65. 龙静云、熊富标：《论道德敬畏及其在个体道德生成中的作用》，《道德与文明》2008 年第 6 期。

66. 张耀灿等：《思想政治教育研究的人学取向探析》，《思想理论教育导刊》2006 年第 12 期。

67. 骆郁廷：《论思想政治教育主体、客体及其相互关系》，《思想理论教育导刊》2002 年第 4 期。

68. 梅萍：《论道德教育的主体性与人的全面发展》，《武汉大学学报》（社会科学版）2003 年第 4 期。

69. 秦在东：《用科学眼光认识大学生思想教育的使命》，《中国青年研究》2005 年第 1 期。

70. 万美容：《用中国特色社会主义理论体系武装教育青年的方法论思考》，《思想政治教育研究》2010 年第 1 期。

71. 胡文明：《人的全面发展：思想政治教育的时代主题》，《求实》2003 年第 7 期。

72. 蓝江：《思想政治教育的哲学根基》，《探索》2006 年第 1 期。

73. 郑咏梅等：《道德教育中人性关怀的缺失与回归》，《求索》2004 年第 9 期。

74. 张洪高：《道德教育的关心模式》，《上海教育科研》2003 年第 12 期。

75. 罗昌胜：《对服刑人员思想教育的几点思考》，《中国监狱学刊》2009 年第 1 期。

76. 冯达成：《新时期思想政治教育价值初探》，《学术论坛》2002 年第 3 期。

77. 冯宇：《论思想教育在服刑人员改造中的作用》，《党史博览》2007 年第 2 期。

78. 周涛：《谈当前服刑人员思想教育工作中存在的问题及对策》，《辽宁警专学报》2007 年第 3 期。

79. 马建文、张未东：《服刑人员思想教育的新思路、新对策》，《法治论坛》2009 年第 1 期。

80. 刘志宇：《在教育创新探索中贯彻落实"首要标准"》，《服刑人员与改造研究》2009 年第 11 期。

81. 潘志红：《国外思想政治教育的特色及其启示》，《湖南人文科技学院学报》2006 年第 2 期。

82. 郭道晖：《人权的本性与价值位阶》，《政法论坛》2004 年第 2 期。

83. 董秀娜：《思想政治教育社会化内涵新探》，《理论与改革》2005 年第 2 期。

84. 曾鹿平：《对单个人的尊重是提升思想政治教育有效性的重要环节》，《学校党建与思想教育》2006 年第 7 期。

（三）外文参考文献

1. Joseph Nold and Mary Wilpers，"Wilderness Training as an Alternative to

Incarceration", *In A Nation without Prisons*, edited by Dodge.

2. J. Steven Ott, E. W. Russell, *Introduction to Public Administration*, Peking University Press, 2006.

3. Wilson, J. A. & Davis, R. C., "When Good Intentions Meet Hard Realites: An Evaluation of the Project Greenlight Reentry Program", *Criminology & Public Policy*, 5 (2).

4. Tonry, M., Hamilton, K., *Intermediate Sanctions in Overcrowded Times*, Boston: Northeastern University Press, 1995.

5. Tonry, M., *Intermediate Sanctions in Sentencing Guidelines*, Washington D. C. : National Institute of Justice, 1997.

6. Pease, K., "Community Service Orders", In M. Tonry & N. Morris (Eds), *Crime and Justice: An Annual Review of Research*, Volume 6, University of Chicago Press.

7. McDonald, D. C., *Punishment Without Walls: Community Service Sentences in New York City*, New Brunswick, N. J. : Rutgers University Press, 1986.

8. Tonry, M., *Sentencing Matters*, New York: Oxford University Press, 1996.

9. Champion, Dean John, *Probation, Parole, and Community Corrections in the United States*, Saddle River, N. J. : Pearson Hall, 2008.

10. *The New York City Community Service Sentencing Program*, *Development of the Bronx Pilot Project*, New York: Vare Institute of Justice, 1981.

11. *Magistrates' Perceptions of the Probation Service*, Research Study Conducted for The National Probation Service, London, 2003.

后　记

绿叶对根的情谊

　　　　不要问我到哪里去，我的心依着你；不要问我到哪里去，我的
　　情牵着你。

　　不知何时，窗外飘起了淅淅沥沥的春雨，被雨水浸过花草的清香和
春泥的芬芳弥漫在房间。此刻的校园，远去了一天的喧嚣，渐渐恢复了
它应有的宁静。在这个静谧的雨夜，坐在书桌前的我，却思绪万千，内
心波澜起伏。

　　蓦然回首，不知不觉，在美丽的桂子山上求学和工作已有十二载。
冬去春来，寒来暑往，四季变换构成了华师美丽的画卷。二月凌寒独放
的梅花，三月高雅纯洁的玉兰，四月香远益清的桃花，五月富丽堂皇的
牡丹，六月娇艳欲滴的月季，八月沁人心脾的桂花，十月争奇斗艳的菊
花，高大挺拔的法国梧桐树，亲爱的老师和可爱的同学，他们共同陪伴
我度过了最宝贵的青春年华。这些岁月将会深深印在我的心里，成为一
生最美好的记忆。

　　在不断成长和学习的十多年中，博士论文的写作对我而言最为难
忘。在写作时间里，孤独、迷茫、困惑、欣慰彼此交织。从论文选题的
更换到最终确定，从论文框架的不断修改到最后定稿，每次都是"山重
水复疑无路，柳暗花明又一村"。论文写作过程是对意志和毅力的考验。
始终陪伴和激励我的是窗外的香樟树，它的坚韧与挺拔是我完成毕业论
文的动力和精神支撑。它让我深悟：只要坚持，只要心怀希望，就会迎
来生命的希望。

　　捧着散发油墨味的文稿，心中没有太多的喜悦，更没有如释重负的轻松，而是忐忑不安，在知识的海洋里，所学犹如沧海一粟，尚需更加努力。求学之路漫长，而自己一步步走到现在，需要感谢的人太多太多……

　　感谢我博士生阶段的导师——龙静云教授，恩师大德，数辈难忘。三年前，承蒙恩师不弃，将资质极其一般的我归入门中，我深知求学机会难得，只能以勤学苦读报答恩师。在恩师的引导下，我开始了一种全新的学术生活，她以敏锐的治学眼光启迪我理清写作思路，她多次拨开云雾，指点和鼓舞着我把研究转入正确的方向。我的博士论文的写作，花费了她很多时间和精力，恩师或面谈，或电话，或短信，或邮件，指导和修改意见总是切中要害，使论文一步一步得到提高。当我遇到困惑、满眼迷茫时，龙老师的鼓励和关怀唤起了我的信心和动力。论文完成后，内心油然而生的是对恩师严谨认真、诲人不倦的无限感激和永远感谢。论文的写作，虽然自己很努力，但距恩师的要求还差很远，我深知己之不足，将会继续向龙老师请教，学习龙老师做学问的精神和做人的品质，为人师表，不辜负导师期望。

　　感谢我硕士生阶段的导师石先钰教授。"授人以鱼，不如授人以渔"，石老师以其渊博的知识和幽默生动的授课方式，让我在学习知识的同时也领悟到了教师应当如何教学、怎样教学，为我今后从事教育工作树立了榜样，石老师严谨、踏实、真诚、谦虚的作风是我学习的方向。感激之情，难以言表，今后唯有努力工作回报石老师的期盼。

　　感谢马克思主义学院的老师们！张耀灿教授高屋建瓴的观点大大拓宽了我的学术视野，严密的逻辑论证使我领悟到大师特有的风范。衷心感谢秦在东教授、何祥林教授、万美容教授、梅萍教授、唐克军教授在文章的初稿阶段提出的宝贵修改意见。感谢院里所有的领导和老师对我学习上的指导与生活上的帮助，我为能融入如此温馨的大家庭而感到骄傲和自豪！

　　如果把学生与老师的关系比作绿叶和根的话，那么学生就是众多树枝上的一片绿叶。绿叶吸收根所给予的养料而成长，根对绿叶无私地提供营养，而老师就是倾注心血为学生传输知识营养的根。知恩图报，绿叶饱含着对根的情谊。将来，无论我这片绿叶在哪里，都将以生命的翠绿向敬爱的老师们致敬。同时祝愿老师们身体健康，桃李满天下！

　　感谢多次给我提供帮助的同学们，在你们的鼓励和帮助下，我才能按时完成学业。感谢同门及同窗好友真诚的关心与陪伴，让我顺利度过三年难忘的博士生活！

　　感谢我最亲爱的爸爸妈妈，女儿远隔千里读书，不能照顾你们，反而却让你们牵挂惦念。在我学习遇到困难时、情绪低落时，是父母给予我坚强的动力和坚定的信念。在此，感谢父母的养育之恩！

　　最后，还要感谢中国社会科学出版社的梁剑琴编辑，在书稿的策划、编排、出版过程中，梁编辑事无巨细，付出了大量的心血，在文稿即将付梓之际，献上我深深的谢意和无尽的感激！

　　诚然，由于本人才疏学浅、水平有限，书中定有许多不足之处，恳请各位专家同人批评指正！

　　"人之有德于我也，不可忘也。"在以后的工作和学习中，我会永远铭记老师们的教诲和挚友们的帮助，不断努力前行！

薛　惠

2015 年 1 月于桂子山